MUJERES EMPRENDEDORAS EXITOSAS LATINAS

TOMO 2

Club Meel Studio

Mujeres Emprendedoras y Exitosas Latinas

Antología de sueños alcanzados

MUJERES EMPRENDEDORAS EXITOSAS LATINAS TOMO 2

MUJERES EMPRENDEDORAS EXITOSAS LATINAS

TOMO 2

Diseño y Publicación:

ImagiLab USA / Alexander Vivas
imagilab.us
+1 702 5595156
Estados Unidos de América

Agradecimientos

Agradecemos a Dios que ha dirigido este proyecto con su orden y tiempo divino donde nos ha favorecido a todas las coautoras con la capacidad de ver nuestra historia con amor y humildad sabiendo que es el con su gracia y misericordia quien nos acompaña en este caminar.

Agradecemos a la editorial ImagiLab por su amor y entrega a su compromiso de servir a la comunidad latina.

Agradecemos a cada una de las coautoras que hacen con su historia una posibilidad de éxito para cada lectora que sabemos que con las estrategias plasmadas aquí la vida será más fácil.

Agradecemos a nuestras familias que están entrelazadas en estas historias de éxito y que sabemos que sin su apoyo nada sería lo mismo, todos los involucrados tienen su aporte valioso para el crecimiento tanto personal como ahora grupal.

Agradecemos a los lectores porque sabemos que esta obra literaria será una herramienta clave para su transformación.

Agradecemos a la idea de la fundadora Patricia Hernández Carrillo de este movimiento de Mujeres Emprendedoras y Exitosas Latinas Que con su aportación está logrando que seamos un círculo de apoyo para otras mujeres.

Agradecemos a Griselda Guzmán por ser coordinadora en el segundo tomo del libro Mujeres Emprendedoras y Exitosas Latinas porque con su apoyo se descubrió un alcance mayor a nivel sanación espiritual que se está logrando con estos testimonios de vida.

Índice

Prólogo

«El mejor descubrimiento de todos los tiempos es que una persona puede transformar su futuro solo con cambiar su actitud»

Oprah Winfrey

La actitud es el aroma el alma, y tener la actitud correcta marca una gran diferencia en el cumplimiento de nuestros sueños.

Todos tenemos algo qué contar, una historia qué decir, un consejo para dar, inspiración qué compartir, un par de versos qué poner en los anales de la historia.

Somos coescritores de la historia universal, y nuestra sabiduría dará luz a las siguientes generaciones.

Este extraordinario grupo de bellas y valientes mujeres nos comparte un poco de su vida, de sus experiencias, de su luchas, triunfos y derrotas, y a través de ello, nos dan el hermoso regalo del aprendizaje de su experiencia.

Son absolutamente generosas al compartir la intimidad de su vida con el mundo, al entregar entre sus párrafos esa infinita sabiduría femenina que sana, como los arrullos de mamá, que consuela, que enseña amorosamente, que es como un abrazo al alma.

Es imposible no conmoverse al leerlas. Descubrir su pasión, sus ganas de vivir, sus tristezas, sus sueños y esperanzas.

Son mujeres del común, pero absolutamente extraordinarias. Son madres, hermanas, esposas, amigas, amantes. Son niñas risueñas que viven descubriendo la luz del sol en cada amanecer, sintiendo el aroma de la vida, regalando sonrisas, secando lágrimas y sanando con una mirada compasiva.

Es imposible no admirarlas. Es imposible no querer darles un abrazo y agradecerles por su esfuerzo, por todo lo que aportan a la vida. Es imposible no dejarse tocar, tan sólo un poco, con sus historias de vida.

Al leerlas, casi se puede mirarlas a los ojos, casi se escuchan sus palabras, casi se siente la calidez de su presencia.

Este libro está impregnado de su esencia. De sus voces, a veces tristes, melancólicas y grises, y otras veces brillantes, relucientes como rayos de luna. Este libro, sin lugar a duda, contiene la magia y la ternura de aquellas que han participado, y nos bendice con hermosas historias que de seguro nos llegarán al alma.

Alexander Vivas

CEO ImagiLab

Cómo surgió
E MEEL

Los momentos más mágicos son construidos con amor incondicional a tus semejantes.

Recuerda: Tú eres importante.

Les doy la bienvenida a este segundo volumen en el que estoy segura que, al igual que en el primero, disfrutarán de toda la información y los detalles estratégicos que mujeres como usted y yo logramos alcanzar después de pasar por un proceso de transformación, hoy quiero hablar en este volumen, sobre cómo es el paso de un proceso de transformación, no es tan fácil como parece vivir un proceso de vida y en el transcurso de ella has estado en él o en algunos de ellos de manera inconsciente ¿y si abrieras la posibilidad de transitar tu proceso de manera consciente? ¿Cómo sería? Yo creo que sería genial por que al momento de caminarlo consciente se vuelve divertido.

Me pasó hace unos años atrás, cuando estaba en mi peor crisis ya divorciada, separándome de un trabajo que amaba, sin embargo, cuando lo combiné con la vida de mi hija y siendo ya mama soltera, no fue tan cordial la vida conmigo, quiero aclarar que toda la vida he sido bendecida por ángeles terrenales en ese tiempo mis padres, hermano y hermanas hicieron que funcionara esta nueva etapa de recién divorciada y trabajando en un ámbito minero teniendo que separarme de mi hija en el mes 20 días y 10 de descanso que era donde la veía, así que después de un tiempo donde descubrí mi Despertar de conciencia elegí el amor de madre y decidí dejar de ser una arquitecta famosa en minas a buscar encontrar lo que hoy puedo mencionar como legado, escribí un poco más de esta parte de mi vida en el libro Tu Eres Importante escrito por mí que te recomiendo comprar, pregúntanos como puedes adquirirlo puedes hallarlo en www.pathcmentora.com

En este volumen les voy a hablar del proceso que fue para mí decidir formar el grupo de Mujeres Emprendedoras y Exitosas Latinas, la verdad no fue fácil al principio de todo, estaba sola, hoy puedo sentirme acompañada de 30 maravillosas mujeres, que en un gran porcentaje conecta con esta visión de servir a la comunidad vulnerable a través de esa maravillosa información que hemos plasmado tanto en el primero como en este segundo tomo, pero si me voy a los registros anteriores de mi vida puedo mirar que soy una mujer muy valiente y poderosa fuerte e impetuosa perseverante que no encontró bloqueo que no pueda ser derribado por el apoyo divino, y justo ahí tenemos los deseos de guiar a otras mujeres.

Muchas mujeres maravillosas y valientes se han quedado en el camino, aunque todas y cada una sigue estando en mi corazón, y quería ocupar estas líneas para mencionarlas sin poner cada uno de sus nombres porque no con todas quedamos en términos buenos por azares del destino, les pido perdón por no haber llegado a expresar cuán importante eran para mí, sin embargo, como una forma de agradecimiento, les quiero decir que en el tiempo que estuvieron en mi vida fueron y seguirán siendo ángeles terrenales. En ese momento estaban colaborando con el orden divino, y espero sea Dios quien les esté retribuyendo todo lo bello que dejaron en mi vida, además de todos los escalones subidos gracias a su colaboración lo tengo bien grabado en mi corazón, gracias por todo su apoyo y por haber sido obedientes a el llamado divino y eligieron en su momento hacer un acto de amor para mujeres necesitadas que en algún momento fuimos mi hija y yo.

Eso es algo que les recomiendo, si en tu mente se pone ayudar a alguien, hazlo sin pensarlo y sin dudarlo que es Dios pidiéndote ser instrumento de él, nunca peleen con el orden divino quizás en este momento estés pensando que las relaciones entre mujeres son complicadas pero entendí que la complicada en mi proceso era yo, porque buscaba satisfacer mis necesidades a través de un orden externo en el que no había posibilidad de éxito porque cada uno de nosotros tiene pensamientos diferentes, y actuamos de manera diferente, nos mueven intenciones diferentes y por lo tanto a veces se vuelve complicada la interacción interpersonal.

Si no pones sobre la mesa lo que realmente quieres y lo que realmente puedes ofrecer, vas a generar mucho conflicto a tu alrededor, tal vez es algo por lo cual no has tenido éxito grupal, en su momento fue el muro que me impidió llegar a este punto que hoy gozamos en Mujeres Emprendedoras y Exitosas Latinas, estos libros pudieron haber empezado años atrás e inclusive algunas colaboradoras ya con sus propios libros sin embargo, aún, no estaba yo lista, con el liderazgo adecuado y debía vivir puntos de un proceso doloroso que me enseño más a saber relacionarme con otras mujeres líderes y maravillosas, el ser colíder es un arte, y esto me duele pero tengo que decirlo desde hace 6 años me relacione con mujeres que no saben ser líderes y debo decirlo una de ellas fui yo, sí, yo, mi liderazgo era pésimo, yo estaba aferrada a que toda la gente corriera a la misma velocidad y energía que yo, y eso es complicado, no es que sean más lentos o más rápido, simplemente es que vivía en una frecuencia en la que no estábamos disponibles para actuar desde el amor, hoy lo que te puedo invitar es a descubrir que el amor nos puede guiar para tener esos resultados esperados y hay que ser congruentes con el amor incondicional.

¿Porque piensas que las mujeres decidieron poner un pedacito de su vida en este libro?, entre otras razones, la principal es porque les mencioné que iba a caer en manos de personas vulnerables que necesitaban de nuestra experiencia para que a través de unas líneas de un testimonio ajeno les haga pensar que no se necesita pasar a carne propia la experiencia y mejor emplear estrategias para evitar dolor extra a la vida, por lo que hemos pasado quienes hemos tenido la oportunidad de escribir en estos tomos de historias de vida que hoy ponemos a tu alcance para ti que nos están leyendo, con la intención de comprender procesos ajenos y crecer. Esto va más allá del ego. Esto está va más allá de los aplausos. sepan que para los siguientes tomos seguirán llegando las personas indicadas, personas que, si quieren crecer con otras latinas, que también busquen crecer para sobreabundar sus talentos, para amar las infinitas posibilidades que existen en este universo y si tú quieres ser parte de nuestros siguientes tomos mándame mensaje +17028268594 o por mi página www.delacrisisalexito.com o al grupo de Facebook de Mujeres Emprendedoras y Exitosas Latinas.

Quiero contarles que durante estos seis años también me encontré al escribir esta parte de este tomo, con el reconocimiento de que he sido una mujer muy bendecida, al principio de todo esto, cuando nadie creía en mí, llegó una persona que vio en mí la posibilidad de sembrar toda su sabiduría en buena tierra y Ella fue una mujer que me envolvió como una madre espiritual en quien, a través de sus largas conversaciones por llamadas a distancia, me hizo ver la presencia de Dios. Era una mujer que tenía una hermosa voz digna de contar miles de historias que conectaba mi alma con Dios, me hablaba de muchos autores y varias vertientes, como Neville Goddard entre otros. Me envolvió con su amor en esos momentos de oscuridad en que como loca vivía momentos de cambios grandes en mi vida, entre ellos decidir mudarme del lugar donde vivía estable materialmente a un lugar que tenía todo incierto y que así dure por mucho tiempo, pero sus palabras de aliento mantenían mi FE puesta en el proceso sabiendo que Dios tenía un plan.

Recuerdo que otra querida amiga, Tere Alejandre, me invitó a Los Ángeles para una entrevista en una estación de televisión. Fui a la entrevista. Me llevó por Los Ángeles y me llevó a un centro espiritual donde fue la primera vez que vi a otras máximas autoridades como yo solo consideraba a Jesús, pude entender que había más maestros ascendidos que han hecho mucho por la humanidad y para estar en esa experiencia de libertad y reconexión con lo divino vi varias fotografías en el mismo rango que Jesús, y yo, siendo una persona poco educada en metafísica en ese tiempo, quede muy impactada por lo visto, obviamente salí de ahí queriendo investigar un poco más al respecto, así que aquella mujer que me llamaba y me compartía de su sabiduría me hablo más a profundidad de metafísica, me hablo de un gran nivel sin embargo aun había cosas que no entendía pero lo que la vida me tenía como siguientes pasos que me pondría para entender más adelante. Después de pasar unos días en Los Ángeles, con la que había estado en la entrevista me invitó a Las

Vegas para recibir un curso llamado Facebook para negocios.

Fuimos a Las Vegas, estábamos recibiendo el curso, y el día que tocaba mi regreso a Hermosillo, el taxi no llego como estaba acordado, no tenía la aplicación cómo pedir un transporte, y entonces estaba tratando de averiguar sobre cómo llegar a la central, así que llegue tarde, me había dejado el autobús y recuerdo estar sentada molesta, enojada porque el autobús me había dejado. Llegué media hora después y recuerdo bien que estaba con los pies encima de la maleta cuando sentí que algo o alguien me susurró al oído y me dijo que era la cereza del viaje. Me di la vuelta y me enojé más porque no había nadie y dije que cereza del viaje ni que nada, estaré 8 horas esperando el próximo autobús por mi descuido, eso es lo que me espera, en eso tuve una llamada de otra mujer maravillosa que vive aquí en las vegas, ella me seguía a través de las redes sociales y cada vez que subía un video a través de una plataforma llamada Periscope, ella era una de mis seguidoras que con el tiempo nos hicimos amigas entonces recibo su llamada y le conté que estaba en las vegas y lo que había pasado y me dijo no te preocupes ahora voy por ti.

Cuando llego por mí, me comento que iba a ir a una iglesia cristiana que si quería acompañarla, a lo cual le dije que si porque si estaba aburrida en esa central, y mejor decidía ir con ella a ese centro cristiano, en ese lugar, experimenté algo mágico, fue la misma presencia que me hizo saber que me esperaban grandes cosas, pero para eso tuve que pasar por una transformación más adelante, algo que no entendí, no sabía que era un proceso, no sabía que era lo que me esperaba, lo que viví en ese momento fue un cambio en mi mente, estaba muy cerrada para entender esas nuevas incorporaciones a mi sistema, sin embargo, me vi ahí en ese lugar en el que entré totalmente tranquila y mientras daba pasos comencé a sentirme extraña, como que entre a una atmosfera que me hacía sentir descanso y al mismo tiempo una desesperación por no saber ni conocer esa nueva energía que se estaba posicionando en mí, en la cual a través de lo que el pastor mencionaba con cada palabra entraba a mi ese poder superior que no entendía, ingresó en mí poco a poco hasta que de repente me sentí débil, sentí la visión nublada y comencé a tener ganas de vomitar por lo que la gente que estaba allí, constaba de bastante entrenamiento para lo que me estaba sucediendo, así que tomaron acción, observo que venían con bolsas y pañuelos, se posicionaban haciendo un círculo a mi alrededor rezando y pidiéndome que lo soltara y yo entré en mi ignorancia me preguntaba ¿qué iba a soltar?, no sabía de lo que hablaban, los vi orar y entré no saber y sentir bastante me desespere, era una guerra en mis pensamientos por lo que pasaba adentro y lo que no entendía que pasaba afuera, me rendí a esa magia, es una energía que se percibe y experimenta de una forma maravillosa, así que alcance a percibir una liberación, fue una experiencia que no entendí en ese momento, por eso el pastor vino conmigo y me dijo que me tenía que mover de donde estaba me sorprendió sus palabras hablándome de mi vida con toda la experiencia y estaba impactada con todo lo que en ese lugar me profetizaron.

Cuando yo salí de ese lugar ya dispuesta a tomar el autobús para regresar a Hermosillo en el camino empezó mi mente a procesar la información de todo lo que había pasado en ese lapso de tiempo, en esas 16 horas que pase en ese autobús no cuadrada ¿cómo yo podía dejar mi casa? y un lugar en el cual tenía casa propia, tenía clientes y además mi hija estaba feliz viviendo en un una estabilidad que por fin a ese punto le había logrado dar, yendo a su colegio de paga y disfrutando de la vida diaria con su madre porque en ese momento ya estaba estudiando mentorías de desarrollo personal adquiriendo cursos y ya dando cursos además también me estaba especializando en PNL (Programación Neurolingüística) en una academia de expertos y también mi propio avance laico elegido por mí misma, era que había alcanzado una estabilidad donde yo me sentía muy bien así que llegué a Hermosillo y pensé "no me iré de aquí, me quedaré, aquí tengo una casa, aquí estoy bien, mi hija está bien y nadie me dice que me mude de aquí" jajaja ahora entiendo que soy una hija quejumbrosa de Dios, él quería mudarme para mejorarme aunque para ser mejorada estaba empezando otro proceso más complicado aún más, que los anteriores, él me dio el regalo más grande que podía recibir y fue el ser, mi ser, de hecho se nos olvida de disfrutar de ser una persona y experimentar su presencia en cada acto de mi vida y aun así dudaba de él y ¿elegía quedarme? Yo no sé si esto te ha pasado en algún punto de tu vida que lleguen personas a darte palabras y sean tan directas y aun así la terquedad te inunde y te haga quedarte donde no estés siendo feliz tan solo por no aceptar que es necesario un cambio.

Bueno, en ese momento dije que no necesitaba ningún cambio. Estoy bien porque en realidad estaba bien hablando materialmente. Sin embargo, cuando Dios te va a mover, no te va a pedir permiso, lo va a hacer y lo va a hacer lo quieras o no. Aquí el punto es que te dejes guiar y te permitas transitar la experiencia de una manera suave y fluyendo ante el orden divino porque cuando no estás respetando el orden divino, si no lo haces de esa manera, la experiencia vendrá en niveles que irán cada vez más grandes y difíciles de comprender hasta que te adecuas a donde el poder superior ha elegido para ti, después de 3 meses de lucha constante en mi mente por lo que había vivido en ese viaje, además de vivir experiencias en las cuales comencé a perder clientes, comencé a tener conflictos, comencé a sentirme infeliz en mi casa y una serie de sucesos que cada vez más me encorralaban para tomar una gran decisión si no fue por las buenas vendrán actos que te activen por las malas aunque hoy puedo decir que todo obra para bien para el que cree.

Una tarde con lágrimas en los ojos reflexionando de esos movimientos bruscos producidos por la desobediencia de no moverme, me acerqué a mi hija y le dije "Marienoe aquí tienes una maleta, pon ropa, 3 juguetes, y yo voy a hacer lo mismo en otra, coloca lo que consideres importante, porque nos vamos a ir", íbamos a movernos sin saber nada, en este punto de mi historia mi hija tenía 5 años, ella solo hizo lo que su mamá le pedía, entonces cerramos esas maletas salí de mi casa entré al departamento donde estaba mi hermano y le dije que me llevara a la central y el me pregunto ¿a dónde vas?, a lo que le contesté: a Las Vegas. Y me dijo: ¿por qué vas a Las Vegas? -y le dije: "A VIVIR". Entonces mi hermano sorprendido me dijo: "¿estás loca?" a lo que le respondí que sí, y todavía no convencida le pedí me llevara a la central, tomando un camino desconocido, donde lo único que tenía claro es que había hecho una conexión divina y una amistad nueva que había comenzado con una seguidora de los mensajes que compartía, ella es la que me había llevado a ese centro cristiano y obviamente era la única a la que podía pedirle que me diera un espacio en su casa por un tiempo mientras yo me adaptaba a Las Vegas, algo que tengo que confesar es que el no saber a qué iba, me tenía nerviosa sin embargo, al ser guiada por un poder superior también vivía una considerable paz y esperanza.

Así que vine con mi amiga, ella era madre soltera. Yo era madre soltera cuando hablábamos de compartir una casa, pero me sorprendió que ella acababa de reconectarse con su ex esposo y bueno, viviendo juntos en una casa donde hay un matrimonio recién restaurado, comenzó mi viaje a la transformación personal, comencé a adaptarme a un nuevo lugar conocí personas que se convirtieron en ángeles terrenales que me dieron el siguiente paso al día siguiente y así continuamente hasta que poco a poco me asenté, me caí muchas veces también debo decirlo era una persona que al verme vulnerable abusaron algunas personas, me encontré con trabajos que generaba muy poco dinero y hasta nada por mis servicios y por querer darme a conocer, lo acepté, no media las consecuencias de aceptar migajas.

La gente veía a esa mujer exitosa que vivía en Las Vegas que estaba logrando cosas, sin embargo, por dentro era una mujer bastante quebrada, que se había quedado sin ahorros porque en los primeros meses viajaba constantemente a México porque mi padre enfermo de cáncer de páncreas así que recién cambiada a un lugar desconocido y con la presión personal de querer estar con mi familia viviendo el proceso de mi padre a la par del mío en uno de los momentos más críticos para mí, sé que mis hermanas tuvieron que vivir más profundamente la enfermedad de mi padre ellas estuvieron atendiéndolo directamente pero en mi caso tuve que vivir el proceso aunado al mío, quebrada emocionalmente y materialmente, hoy me siento feliz porque presencie un milagro con mi padre que pudo salir de ese proceso de enfermedad y actualmente aún se encuentra con vida, fue otra experiencia divina ver como con la ayuda de un amigo pude hacer algo para que el proceso que tenía mi padre en un quirófano se soltara energéticamente el bloqueo que lo mantenía en esa enfermedad, no sé porque lo pongo, es algo muy personal que ni mi familia sabe de esa experiencia, pero creo que estos detalles espirituales que aparecen en tu vida diaria son los que hacen que la magia suceda, y creas más en Dios y su grandeza.

Y poco a poco, incluso a pesar de que medio mundo me preguntaba ¿qué es lo que hacía en Las Vegas?, ¿qué a que me había ido sola?, ¿qué porque hacía sufrir a mi hija teniéndola en un proceso solo por ocurrente? Todo mundo me decía que me devolviera. porque no estaba teniendo resultados que cuando me iba a cansar de hacer cosas que no me estaban pagando y aun a pesar de todas esas palabras seguía aferrada a dar servicio y a dar a conocer lo que ni yo conocía en ese momento, no entiendo como tenía una FE enorme de algo que ni siquiera tenía un plan en ese momento, te puedo asegurar que hasta el día de hoy me ha costado mucho entender Dios solo pide que avances con FE aun a pesar de no ver nada ni tu siguiente paso.

Fueron años de una batalla constante con una energía contraria a la que he decidido seguir en obediencia divina y obviamente cuando te estás permitiendo fluir con lo divino, despiertas entidades molestos y mantienes a un grupo desmedido de personas en un vaivén constante de experiencias que los someten a pensamientos y acciones que te guían al sufrimiento y que son estos entes los que se alimentan del sufrimiento, alcance a entender que el pleito no era con los humanos nosotros solo somos manejados por medio lo que se deposita en nuestra mente, es obvio que estas entidades no van a querer que nos suelten de esos círculos viciosos en los que a veces caemos sin darnos cuenta, ah pero una loca de otro país, llego a querer venir y mover la energía en este lugar, eso es o era demasiado arrogante y por eso me hizo caer varias veces por esas entidades y esas energías que al ver que no rompieron mi corazón se adentraron en el corazón de las personas que estaban a mi alrededor y por eso me hacían caer y es donde continuamente existían conflictos con las mujeres que invitaba a que participaran en este círculo de apoyo entre mujeres a nivel latino llegando a un punto de cansancio

Debo decir que mi mente creo muchas percepciones de traiciones, abusos, injusticias, rechazos, y hoy comprendo que era yo con mis creencias limitantes las que creaban eso e incluso mi percepción creaba rechazo a mi hija, que era una niña que no había pedido la experiencia, el proceso fue mío y ese proceso la arrastró desde sus 11 meses hasta hoy, no me arrepiento. es por eso que es una niña buena y muy experimentada, hoy Marienoe Felix, a sus 10 años es una mujer muy inteligente y profundamente consciente... pero a los cuatro años y medio no, en ese momento solo sentía y pensaba que su mamá se le ocurrió dejar ese lugar donde era su refugio e ir a buscar lugares que hasta tenían niños que le golpeaban a ella, que la corrieron de lugares y pasaba experiencias que no eran para su edad, que no era su experiencia así que un día ella no aguanto más y se enojó conmigo me reclamo porque yo había tomado esas decisiones y se quejó que ella quería su cuarto, que ella quería volver a donde estaba su cuarto, sus juguetes, a donde estaba su vida, y con lágrimas en los ojos le dije que no podía volver, porque tenía una fe ferviente de que algo grande me esperaba aquí en Las Vegas.

Hablé con Dios y le dije ¿por qué me trajiste aquí? me trajiste a sufrir y yo quiero volver a donde tengo mi casa, ya no soy feliz, no tengo comida, no tengo dinero, no tengo a nadie aquí, fue un momento en donde llorando y enojada le reclamaba a Dios por el paso en el que iba para mi evolución, (ahora que lo escribo, si noto que ese momento era una mujer débil con muy poca Fe). Es ahí que una tía de mi hija me escribió y me envió un mensaje y me dijo oye no sé porque, pero dios me está pidiendo que te mande esta imagen, yo incrédula abrí esa imagen y tenía el mensaje correcto que prácticamente era la respuesta que Dios tenia para mí en ese momento. Esa frase decía "YO SOY TU SEÑOR DIOS Y TE ACOMPAÑARE A DONDE QUIERA QUE VAYAS PERO TE DEVOLVERE A ESTA TIERRA POR QUE AUN NO ACABO LO QUE TE PROMETI" … aún no había terminado, con lágrimas en los ojos debo decirte que no he entendido lo que me prometió hasta la fecha no lo he entendido, pero SI, LO HE SENTIDO porque hoy soy una mujer muy diferente a la que era en ese momento, pero para eso tuvo que pasar seis años de proceso, tras proceso, tras proceso, tras proceso, en los que no podía ni descansar porque ya tenía un nuevo reto, que venía cargado de personas listas para querer probar mi fuerza a través de experiencias negativas, donde lo único que contaba y que cada vez mejoraba era mi carácter y estado de ánimo, el proceso siguió y siguió siendo probada en cada día si lo que elegia era por amor o por interés monetario, no ha sido tan fácil para las entidades porque el espíritu santo ha generado una mujer con un carácter excelente y un fuerte sentido del poder adquirido por el poder superior, obviamente no soy yo, es el que trabaja a través de mí.

No voy a detallar cada encuentro contra esas entidades en diferentes rostros de seres humanos que al principio eran esos ángeles que me abrieron la puerta en algo que me bendijo de una manera que me procuraron y yo respondí de la misma forma porque las amaba. Las respeté, las valoré, ha habido muchas más mujeres, en este camino conocí a muchas mujeres donde cada una dio lo mejor de sí, hasta que esos entes entraron en sus entrañas y les hicieron ver cosas que eran mentiras, ahora me doy cuenta que todos los seres humanos estamos batallando contra esos entes que están activos despiertos queriendo tomar a alguien en debilidad para posicionarse y operar a través de ese alguien, es algo un poco fuerte que quizás no entiendes o quizás te hace entender que la lucha no es con la carne, no es con la gente que tú tienes a tu alrededor, es con algo más grande entidades negativas.

Obviamente si vas a pelear con tus fuerzas terrenales vas a perder, te vas a perder, entre eso vas a caer en depresión, ansiedad, frustración, te vas a sentir atado, pero cuando operas desde la parte divina y entiendes que para derrotar a esas entidades tienes que dejarte de lado, hacerte a un lado y dejar que el poder superior sea el que pelee por ti, Dios esté al frente de esa guerra, que para protegerte, cuidarte y guiarte debes estar clara con tu FE, sé que te has preguntado ¿para qué has venido a esta vida?, antes que nos volvamos románticos que hay una misión y eso lo principal que venimos es a Vivir, A DISFRUTAR, venimos a apoyar a los demás en su camino y disfrutar de la vida juntos con todos como un solo cuerpo, y para eso debemos cambiar, no sé si reconoces que es lo que viniste a la vida, pero en sencillas palabras fue para disfrutar, para sonreír, para bailar, para vivir, y que en esa búsqueda de a que viniste se te olvida amar o apoyar a los demás, es triste darse cuenta que te has perdido de vivir al máximo.

Como les cuento no fue fácil para mí en esta nueva experiencia de adaptarme a un nuevo país donde a la fecha tengo algunos miedos que me están impidiendo alcanzar mi grandeza pero vuelvo y mirar mi proceso y hoy veo que hay muchos frutos ya disponibles para disfrutar, tengo 9 programas de desarrollo personal preparados por mí, guiados por la divinidad, donde puedo beneficiar a una persona durante un año y medio en información para su transformación personal, tengo capacidades muy grandes que he puesto en servicio con amor y esa gracia me ha hecho muy fuerte, aprendí a dosificar la información a medida de como el cliente lo requiere. Tu lectora, hoy, puedes preguntarte ¿Qué pasa aquí? Puede ser que te identifiques con lo que te estoy contando. A veces te vacías de hacer que los que te rodean vean la vida como tú la ves sin lograrlo. Recuerdo que me tomaba hasta tres horas convenciendo a alguien que daba su vida por amor a experiencias que le drenaba su energía y yo por sentirme salvadora le otorgaba mi energía con el pago nulo a veces ni gracias y cuando llegaba a casa y mi hija me pedía comida a veces no tenía ni para un taco y a veces un taco para mí y un taco para mi hija de esos de 2 por $1 era lo que nos hacía comer, mi hija paso todo eso conmigo y hoy es una mujer que entiende y respeta los procesos y yo sentirme muy orgullosa que a sus 10 años sepa distinguir, tener intuición, tener valores y tener las herramientas necesarias para poder defenderse de lo que pase no me arrepiento de este paso a paso del proceso con guía divina.

Desde el 2016, cuando Formulé la idea de tener un círculo de apoyo para Mujeres Emprendedoras y Exitosas Latinas, han desfilado mujeres maravillosas llenas de vitalidad con muchas capacidades, algunas se han quedado, algunas se han retirado, algunas aun no entienden el concepto sin embargo la guía divina ha estado presente continuamente, tiene mucho que ver esta guerra con las entidades que mencione con que el proceso de nuestras vidas no avance y eso solo se vence con obediencia divina, en muchos momentos de mi vida ha habido esa voz interior sufrida que me auto flagela o me hace dudar de mis capacidades, porque a alguien de mi alrededor les ha hecho creer que no es importante velar por los demás o les ha llenado de miedo les ha llegado hacer sentirse incapaces de ayudar con su testimonio de vida a otra persona que está en menor condición emocional o viviendo aun su proceso.

Agrego que en este caminar de mi proceso he entendido que hemos peleado con el enemigo equivocado ¡no eres tú!, ni son los que viven en tu entorno, es nuestra incapacidad de capacitarnos ante lo que actualmente está desconocido, es que nos enfocamos en el dolor y no en el aprendizaje, hoy te invito a trabajar más en tu interior a conocer todo lo que beneficia tu sistema y que día a día seas capaz de agregar a él herramientas y habilidades necesarias para disfrutar de la vida al máximo.

A todas esas mujeres que leen este libro créanme que lograran sentirse otras, se permitirán admirarse y su entorno disfrutara de sentirse bien admirándolas, esto es una oportunidad de seguir viendo su crecimiento personal con el apoyo de Dios, el seguir el orden divino ha dado las experiencias necesarias para seguir creciendo, no es que este grupo sea el único grupo donde pueden tener un crecimiento personal, pero es el grupo que yo conozco, es el grupo que construí a través de la experiencia continua que me ha dado 7 años de continuo avance tanto personal como grupal donde muchas mujeres han sido beneficiadas.

Estamos entrando en una nueva etapa del grupo de Mujeres Emprendedoras y Exitosas Latinas en la que esto se vuelve cada vez más interesante en este libro… comprendimos que escribir un capítulo con tu historia no solo es redactarlo por ego y ya, nooo es algo más mágico hemos visto junto con mi compañera coordinadora Griselda Guzmán que las mujeres que han depositado su testimonio han experimentado grandes sanaciones a la par de preparar su Capitulo… eso nos llena de amor incondicional que este proyecto viene cargado de herramientas para que las lectoras encuentren más FE y más cercanía al orden divino en su vida.

Quiero promover que, si estás pasando por alguna situación que te pone en un estado vulnerable el permitirte trabajar en tu interior anexando una guía que pudiera ser yo o cualquiera de estas actuales 30 Mujeres Emprendedoras y Exitosas Latinas el proceso de transformación sería más fácil, en mi caso con mis habilidades diseñe un programa de 90 días llamado desintoxica tu SER y lo puedes adquirir para poder liberarte de bloqueos y de todo eso erróneo que está robando tu atención impidiendo te conviertas en una mujer creadora de un legado y hacer la magia para los resultados se agilicen debe ser con trabajo interior.

¿Cuál es esa mentira con la que has caminado por años?, puedes creerte que eres una entidad separada de El poder superior pero no es así, tú no eres una entidad separada, tú eres parte de la creación y a la vez eres el creador o la creadora de esas maravillosas posibilidades que en el día a día se manifiestan y listas a disfrutar de la vida.

Actualmente después de muchas vivencias algunas muy positivas he comprendido que, en cada paso, en cada encuentro con alguna persona, para mí ha sido una oportunidad de crecer y cada persona que ha aparecido en mi vida, se convirtió en un ángel terrenal me dio mi siguiente paso para lo que la divinidad quiere conmigo.

El secreto es "Dejarse guiar" no es tan fácil como esas personas que te dicen que te dejes guiar, fluye con calma di, pide y se te dará, sé que te lo han dicho mucho pero no lo has entendido, no es fácil entenderlo, es esa lucha constante por dentro donde en tu mente hay diferentes voces en las que una te dice que puedes y quieres lograr y otra voz te dice que eres una inútil y te volverá a sabotear, entonces ese conflicto interno es el que no te hace ver que en esta realidad ya se han manifestado en bastantes cosas, más bien, mira tu vida y te darás cuenta de que eres una persona bendecida, agradece cada paso que has dado en tu vida, sirve para bien todo sirve para bien y te lo mereces.

Por eso con estos testimonios te invitamos a observar en que en ellos algo los hizo pasar por una liberación de bloqueos y que para ello tuvo que haber una ayuda divina, un don divino, y siempre se manifiesta en algún otro ser humano para poder verlo, es en otra persona que se puede manifestar la ayuda o el impedir el paso de esa experiencia a nivel físico, como lo estamos haciendo en estos tomos de historias de mujeres reales que ponen al alcance tuyo y de todas las lectoras vivir la experiencia desde la imaginación, créeme es mucho mejor, es mejor pasarlo a nivel metafórico a través de ahondar en estas historias que hacerlo físicamente y pagar el precio de cada uno de los errores que tenemos cuando combinamos un mal pensamiento, con un mal comportamiento y que esto genera retrasos en nuestro proceso de vida… anímate a vivirlo a través de estas mujeres que se han convertido en Ángeles Terrenales para un grupo vulnerable de almas necesitadas de reconocer el amor incondicional aquí y ahora.

Si tú tienes deseos de contar tu historia en nuestros siguientes tomos no lo dudes contáctame y hagamos que suceda la magia, Soy Patricia Hernández Carrillo me encuentras en las redes como Pat HC Mentora.

No me resta más que decirte que esperes los siguientes tomos donde en cada uno estaremos hablando de cosas diferentes para guiarte a qué continúes en tu paso de tu proceso y disfrutar de la vida porque la vida es aquí y es ahora, muchas gracias.

Patricia Hernández Carrillo

Contacto:

www.delacrisisalexito.com
Pat HC Mentora para salir de la crisis al éxito (fan page)
Patyhc82@hotmail.com
Patyhc82mentoria@gmail.com
+52 662 403 2164 Mex.
+1 702 826 8594 USA.

Divino Femenino

"El Divino Femenino es la energía que te conecta con tus raíces, con tu corazón, con tu sentir, con el AMOR y es desde ahí donde nuestro mundo será sanado"

Hoy te hablo a ti mujer, ya llegó el tiempo para vivir tu trasformación de ser solo una Mujer, a reconocer tu gran poder femenino…

Somos energía y seres de luz viviendo en un cuerpo humano, somos parte de un todo y dentro de nosotros existe una dualidad: un Ser Femenino y un Ser Masculino que no se relaciona con la identidad sexual de ser un hombre o una mujer físicamente. Esta dualidad es la existencia de dos polos que son opuestos, pero a la vez son complementarios, ya que vivimos en un mundo dual y polarizado. Todo el universo está regido por dos fuerzas en constante atracción. El taoísmo nos habla del Yin y el Yang. El hinduismo nos habla de Shiva y Shakti. También la física habla de que hay un polo positivo y uno negativo. Dentro de la naturaleza siempre hay una fuerza que emite y una que recibe. Al igual el Tantra habla de una energía femenina y una energía masculina.

La Divinidad Masculina es energía caliente, de deseo, voluntad y acción. Esta siempre proyectada hacia el exterior. Es energía positiva y se representa con el rayo.

Corresponde a la Consciencia Divina CIELO-ESPÍRITU.

Es nuestra fuerza interna de valentía y capaz de tomar decisiones rápidamente, sin contemplaciones y sin temor. Nuestra energía Masculina es nuestra mente racional y está regida por el hemisferio izquierdo del cerebro, que es el área del análisis, la lógica y la precisión.

Es una energía de propósito, de destino, de dirección y de objetivo. Esta característica nos ayuda a conseguir lo que queremos en la vida y a entregar una mejor versión de nosotros mismos. Lo Masculino se concentra en una sola actividad o monotarea para mantenernos concentrados y conseguir nuestros propósitos. La energía masculina es estable, vertical, no se afecta con los elementos externos, ni por emociones. Es una energía que le gusta la libertad y busca satisfacción en todas las cosas. Es una energía de conectividad para conseguir lo mejor, ya sea en el área laborar, académica, económica o familiar. La energía masculina cuando no está en armonía busca el vacío, ya sea meditando, saliendo de viaje para no pensar en nada, ni sentir emociones, obligaciones o tener límites.

También puede ser una energía controladora, despiadada, intolerante, arrogante y agresiva.

La Divinidad Femenina es energía fría, negativa, es representada por el agua, el útero, el círculo y todo lo que sea redondo y sin final. Es energía de soporte y contención. Proyectada hacia el interior, es energía de introspección, misteriosa, difícil de entenderla y conectar con ella.

Corresponde a la Materia que se moldea de acuerdo con la Voluntad Divina TIERRA-MATERIA.

Es nuestra energía de creación, de nutrición, de amor incondicional, de compasión, de misericordia, de sabiduría, de intuición, de sensibilidad y de unificación. Es la energía del hogar, es oceánica y lo abarca todo; no diferencia o individualiza. Es la parte que integra conceptos como la empatía, la capacidad de trabajar en equipo, la facilidad de las tareas múltiples, la voluntad, la predisposición a tolerar la diversidad, también la parte perfeccionista.

La energía Femenina está vinculada con el hemisferio derecho del cerebro que es la creatividad, la capacidad de comunicar y relacionarse con los demás. La energía femenina está en mayor contacto con las emociones, es la capacidad de sentir. Fluye constantemente, se deja llevar, cambia a cada momento y es espontánea. Siempre busca llenarse por eso le gusta ir de compras o comer chocolates para completarse. El objetivo principal de la energía femenina es recibir y entregar amor.

La Divinidad Femenina es Co-Creadora de vida por naturaleza, tiene la habilidad Gestativa que Dios le ha Otorgado. Posee un vientre Físico, Emocional, Mental y Espiritual. Es dadora de vida en todas estas áreas. Es receptora y transformadora, porque recibe la semilla del hombre para crear una nueva vida, no solo la recibe, sino la nutre, la madura y la regresa completamente desarrollada haciendo de esa semilla una gran transformación. Por ejemplo, el hombre aporta el esperma, la mujer lo recibe en el ovulo, lo lleva al vientre para nutrirlo, lo desarrolla y lo transforma en un Ser Humano completo. Igualmente, el hombre puede proveer una casa y la mujer con la magia de su amor lo transforma en un Hogar y en una Familia.

En la antigüedad el matriarcado fue una de las etapas iniciales de las civilizaciones, se hablaba de deidades femeninas donde se reconocía a la mujer como fuente de vida ya que su cuerpo ha sido portador de vida durante todos los tiempos. La creación se explicaba con divinidades femeninas, ya que los mitos más remotos y registros antropológicos cuentan de diosas fértiles.

La Fuente Materna nos ayuda a reconocer la presencia amorosa de la mujer en este mundo, a través de los vientres femeninos. El conectarte con el Divino Femenino te recuerda tu potencial como dadora de vida. Ya es tiempo de que la mujer comprenda cuál es su verdadera esencia y donde está su auténtica liberación.

La sanación de la Mujer es retomar su verdadero poder, sanar su vientre y la herida Ancestral ocasionada por los abusos. Esta herida ha sido formada por todo el dolor acumulado en el inconsciente colectivo de la humanidad por los miles de años de represión y sometimiento de lo femenino. Es deshacer todo el odio, resentimiento y toda la energía atrapada a través de historias de cientos y cientos de reencarnaciones de mujeres, ya que toda mujer encarnada hoy en la Tierra tiene esta herida. Por eso es importante que el vientre de la mujer sea sanado, para que la Diosa interna se pueda manifestar, ya que a nivel celular el vientre tiene una herida de siglos de dominio y deshonra de la Diosa Femenina. Aun hoy en día existen muchos tabúes de la sexualidad y no hay una educación abierta en esta área, lo que agrava más esta herida. Creando también una energía inconsciente de rencor contra lo masculino, ya que el hombre en su mayoría solo se sirve de la mujer, por esto, tanto el hombre como la Mujer tienen que abrir su corazón para sanar su divino femenino y revertir el proceso del desamor que inunda las células del vientre femenino.

La base y el pilar de la Energía Sagrada Femenina es la conexión profunda y constante con la Madre Tierra. Esta conexión nos lleva a una integración del conocimiento ancestral de sus tiempos sagrados, de sus centros de poder, del manejo de los elementos, entre muchas otras cosas.

No podemos sanar nuestro Divino Femenino si no estamos Enraizados, si no sabemos comunicarnos con el mundo Espiritual desde un mundo Natural o Material.

Llevamos miles de años donde la Mujer perdió esta sabiduría, por ende, el hombre tampoco la tiene, salvo que haya sido preparado por Grandes Sacerdotisas Guardianas de los Femenino.

Los hombres sabios han sido instruidos por grandes "Mujeres Sacerdotisas" portadoras de esa sabiduría ancestral, hombres que han sanado su femenino, hombres que han reconocido a la Madre Tierra y la han integrado en ellos mismos, potenciando su energía femenina y a la Humanidad entera. Todos los grandes iniciados de la historia como Jesús fueron iniciado por mujeres y por la misma Madre Tierra.

Las costumbres nativas proponían, durante las ceremonias de siembra y nutrición de las cosechas, que las mujeres en su tiempo lunar se movieran entre las plantas y derramaran su sangre. Nuestras mujeres siempre dieron su sangre honrosamente. Se sentaban sobre el suelo y la donaban directamente o la derramaban sobre musgos que luego depositaban sobre la tierra, para nutrirla y renovarla. Se acompañaban con esta frase:

"Entrego esta sangre de vida a Todas Mis Relaciones y abro mi matriz a la Luz".

En estos tiempos los únicos que no han perdido la conexión con la madre tierra son los indígenas y aborígenes, allí está la sabiduría viva y pura desde los inicios de la humanidad. Si queremos de verdad ser portadores de esta sabiduría, reconectémonos con nuestras raíces ancestrales, nuestra cultura, nuestro origen. Una Mujer que se conecta con sus raíces y sana su divino femenino, no solo se sana ella misma sino también a su pareja, a su familia y a la humanidad entera, al igual que libera a sus generaciones ancestrales. La Madre Tierra ya no quiere ni matriarcados ni patriarcados, quiere a sus Hijos e Hijas equilibrados conviviendo en armonía.

La nueva era del Divino Femenino pone fin a la era de la ignorancia, es un cambio de paradigma de energía Masculina a la energía Femenina.

Cósmicamente es un proceso de armonía que como humanidad nos encontramos en un cambio constante en todos los niveles escalando a estados de consciencia más altos.

La energía Femenina es la que cuida los puntos de inicio de los filamentos del ADN, al igual que la luna reina sobre el flujo energético del cuerpo y de los mares del Planeta. Es como una computadora electromagnética poderosa que tiene la habilidad de programar y reprogramar ya que, así como la Luna influye en las mareas también influye en las mareas corporales, en nuestras hormonas y la sangre. En los diferentes ciclos de la tierra a través del péndulo cósmico existió un largo proceso de un reinado patriarcal, erradicando toda señal de liderazgo sobre lo femenino y solo se conocía en leyendas, mitos, gracias al proceso de parto.

Se ha estado trabajando arduamente para activar el principio femenino, ya que la energía femenina tenía la habilidad de dar a luz y procrear la vida.

La energía femenina ha estado emanando frecuencias electromagnéticas para mantener el ADN de dos filamentos, emitiendo programas de crianza dentro de las mujeres.

Todo está cambiando drásticamente, el fin de la era de la ignorancia se termina y será de acuerdo con tu propio despertar.

En los tiempos Ancestrales, la comadrona fue considerada el peor enemigo de la religión por la sabiduría de aliviar el dolor, porque entendía de hierbas y del lenguaje de la gran extensa biblioteca viviente. Al mismo tiempo la religión se volvió muy patriarcal por miedo a la diosa y a las mujeres, temían que el poder femenino le quitara dominio a la iglesia y a los hombres.

Lo masculino en su ignorancia desarrollo un plan para superar la habilidad y dones de todo conocimiento del divino Femenino, creando mitos y temores en las mujeres acerca de su cuerpo, su menstruación y sus emociones, tachándola de Impura.

Es esta Era Acuariana el Divino Femenino dentro de cada uno de nosotros tanto hombres como mujeres da un gran inicio de armonía abriendo el corazón cósmico y emanando frecuencias de Amor al interior de su ser y así poder elevar nuestros estados de consciencia.

La energía de la diosa se agiliza muy rápido y está dispuesta a trabajar con todo aquel que atienda a su llamado. Sus instrucciones son precisas, como honrar tu cuerpo y tu sexualidad ya que todo ser humano ha sido creado mediante este proceso.

Tu Divino Femenino, tu Diosa interna te pide que abraces la plenitud de tu cuerpo y comiences a trabajar en ti, lee el manual de tu cuerpo y conecta con tus emociones verdaderas.

El creer que el sexo solo sirve para procrear ha sido una gran distorsión a través de los tiempos. Es momento de conocer la fortaleza Femenina desde la sensibilidad, la empatía, la Armonía y el gran amor en todos sus ciclos. Vivimos en un Mundo muy Masculino, ya que lo Masculino es el Pensamiento y lo Femenino es el Sentir, si nos apegamos solo al mundo material nos arrastrará a seguir patrones establecidos por un mundo lleno de creencias, por eso es el tiempo del gran despertar, del sentir y así poder lograr la plenitud de Nuestro Divino Femenino.

"El Divino Femenino es el camino a la Espiritualidad porque es el sentir, recibir y fluir"

Griselda Guzmán

Enoé Carrillo García

Libertad... hoy te invitaré a conocer lo más sagrado que tienes, la libertad de cumplir tus sueños, la libertad se pierde si tú quieres y sigues en un círculo vicioso en el cual tú mismo/a te pones por amor, donde vas soportando cosas porque tienes momentos de alegría y la vida te pone una cara buena, la aceptas y a la vez momentos difíciles que te dan una cara mala aunque como que te quieres desbalancear también la toleras y aceptas mientras que la vida se va haciendo ese día a día, porque el día es lo más importante que va pasando hoy después de 47 años de casada, no me preocupa, lo que va pasar, me enfoco en disfrutar del día de hoy porque la libertad constituye el elemento básico de tu Ser, cumplir tus deseos, el bienestar es fluir ante la vida.

Hoy estoy más tranquila he aprendido a disfrutar de mi libertad, ser libre es lo máximo, desde que nace uno desde el vientre de la mamá eres un ser libre y entonces ¿por qué tú regalaste lo más valioso en tu vida? tu libertad no es congruente con algo que no funciona, aunque te vienes a dar cuenta después de tantos años, que hubo momentos que pensamos que por el bien estar dejamos pasar, al principio no ves, empiezas a justificar tu entorno, siempre hay cosas en las que pude haber mejorado pero algo hay cierto el transcurso de la vida es maravilloso, cuando decides ser tú con todo y aciertos y errores.

Cuándo nace el primer hijo comienzas a ver que ya no solo vives para ti, te vuelves multifuncional, comienzas a dividirte en mil pedazos para cubrir las necesidades de todos los que están a tu alrededor, es ahí, cuándo te empiezas a dar más cuenta de lo que va a pasar para toda tu vida, yo elegí a ese hombre, me sentía bien, aunque el día que me casé yo no me quería mover del lugar donde vivía porque cambiaria de estado en el mismo país, pero, a muchas horas lejos de mis padres y de lo que conocía, recuerdo que una persona me dijo, te vas a ir, tú lo decidiste cuando dijiste si, él fue mi paño de lágrimas, lo que pasó después fue una adaptación a mi nuevo entorno, me imagino tu lectora si dejaste tu lugar de origen por seguir a tu hombre debes comprenderme que no es nada fácil hacerlo, fueron sucediendo cambios con los años fuimos avanzando en una nueva vida llena de amor y retos.

Empecé a entretenerme con los hijos, sentí la presión como mujer, como ama de casa, lejos de mi familia, sola entregándome con amor incondicional a la vida, en el camino tuve muchas pérdidas de seres queridos que llore amargamente en mi interior por no poder estar tan cerca como hubiera querido, creo que yo había elegido eso, así que empecé a crecer, empecé a comprar cosas en abonos para hacerme de mis propias cosas, llegué a un lugar en dónde no conocía a nadie, pero algunas personas se convirtieron en mis ángeles terrenales para poder crear una vida mejor, fue un luchar contra el río, en un lugar sola, pero al tener mi carisma al saludar a todo mundo, al cubrir las necesidades de algunos, eso a mí me fue haciendo ganar amigos.

Comencé a estabilizarme en ese nuevo lugar donde aprendí a convivir con el entorno, empecé clases y actividades donde podía ir con mis hijos, los llevaba a guarderías, a la escuela, a conocer otras destrezas y yo poder disfrutar de mi presente, sabía poner inyecciones, sabía coser, sabía muchas habilidades, y mis Ángeles me enseñaron a disfrutar del presente, disfrutar de la vida, una señora se convirtió como mi madre espiritual (Doña Lilia), ella me fue nutriendo de cosas que a mí inexperiencia desconocía y mi vida fue desarrollarse continuamente, luche por tener un terreno, busque por medio de mi esposo y su compañía un crédito de Infonavit, me iba a otra ciudad con varias mujeres que buscaban lo mismo. Mientras mis hijos se iban a la escuela yo andaba con las personas que van a pedir créditos, yo agarraba y me bañaba me ponía un vestidito que tuviera y me iba a ofrecer un desayuno a esas personas que estaba disponiendo el crédito, un día llegué con mi esposo y le puse en mesa que ya estaba listo todo para adquirir nuestro propio lugar, así que empezamos a construir las bases de la casa los cimientos, castillos, losas y entre ello construir un futuro mejor, por estos 47 años he sido la ayuda idónea, mi familia ha sido edificada por mi liderazgo y la mejor herencia que les dejo a mis hijos es la fuerza que tengo para construir con lo que me den, tengo el carácter suficiente para crear lo que yo deseo, y eso e implantado en la mente de mis 6 hijos.

Un 5 de febrero un día antes del cumpleaños 5 de mi cuarta hija, decidí salirme de donde vivía, buscando mi propio espacio, así que molesta de la vida que tenía, tomé a mis hijos y las cosas que tenía y comenzamos a acarrear cajas y cajas a ese nuevo lugar que construimos gracias a muchos ángeles, esas cajas la primer noche prácticamente fueron el refugio donde durmieron mis 4 hijos, esa noche mi esposo y yo no dormimos, pero mis hijos estaban cubiertos del frío y de la tormenta que hubo y que no opacó el arcoíris que yo sentía dentro, por mirar un nuevo amanecer lleno de posibilidades, recuerdo que colocamos dónde estarían las paredes cobijas para poder evitar pasará el agua, pero aun así el aire las alzaba y entraba toda esa tempestad que estaba fuera y aún a pesar de no haber dormido por protegerlos, yo estaba muy feliz por tener mi propio hogar parecía que en el cielo y el infierno había una guerra que me probaba si era tan fuerte para lograr dar lo mejor de mí a mi familia.

Mis hijos llorando, tristes, abrazándose, no sabían que pasaba, después de eso a empezar a pedir prestado a muchas personas para hacerse de lo que faltaba, las paredes, qué una ventana, que otra, y poco a poco se fue construyendo, aún solo siendo ama de casa demostré que yo podía lograr muchas cosas, me siento orgullosa de haber construido los cimientos de mi hogar, salí adelante construyendo día a día un hogar donde más adelante vinieron 2 maravillosas hijas más, tengo una familia que ahora tiene muchísimos más integrantes contando nietos yernos y actualmente gozo de mi primer bisnieto que me ha tocado conocer.

Yo quería estudiar enfermería pero empezaron a llegar los hijos y en cada uno he aprendido y crecido bastante, aunque no lo estudié ejercí el servicio continuamente con tantas personas que han llegado a mi vida, podría seguir sirviendo y apoyar a todo mundo, tengo una vida llena de práctica al servicio a muchas personas, me gustaba mucho irme a los cursos de lo que empezó a llegar a ese pueblo donde aprendí bastante, de ahí, hice muchas amistades y también estuve gozando de mi vida, tuve pequeños trabajos, más lo que yo emprendía, sabia varias habilidades que me dejaron ingresos en el día a día para apoyar a mi esposo y hacer que el dinero rindiera, pasa el tiempo y cada día me doy cuenta de que yo elegí la vida que tengo y que la disfruto.

Viví experiencias de todo tipo surfeando el día a día con todos los roles que me correspondían, al tener 6 hijos he tenido muchas experiencias de dolor y amargura y otras de logros y bendiciones, en mi vida lo que ha perdurado es mi libertad de acción, un día estoy en casa y otro estoy viajando y disfrutando de mi demás familia, para mí la libertad es la base de sentirse bien, ahora el pueblo que adopte desde hace 47 años como mi hogar me ha dado muchas experiencias, me gusta todos los días ir al mercado a obtener alimentos frescos para mi familia, ahora me he vuelto muy interesada por las redes sociales y es ahí donde veo a mis hijos y sus logros; me desestreso de los problemas cotidianos. Ahora en mi edad adulta me he dado cuenta de que la vida es muy sencilla... solo es disfrutar del presente.

Te puedo dar de consejo se parte del equipo familiar, trabaja a tus tiempos, aprende a tener tu dinero, aprende a elaborar cosas que te hagan generar, conócete más, ahora ya no es igual no te puedes meter a ayudar como antes, ahí gente delicada que lo ven de otra manera, no se dejan ayudar, y es por eso que debes aprender a ponerte en primer lugar, mantente enfocada en conocerte y disfrutar de la vida, la vida sigue y disfrútala en este presente.

Karen Solórzano

"Lo que sea que hagas, esfuérzate siempre a ser la mejor".
Palabras sabias de mi padre.

Soy Karen Solórzano, guatemalteca, crecí en un hogar integrado, muy armonioso, lleno de valores y principios donde mis papás me enseñaron que debes dar lo mejor de ti en cualquier cosa que estés haciendo.

Mi papá siempre me empujó a valerme por mí misma como mujer y mi madre con su ejemplo de entrega, amor y servicio me dieron las herramientas que me ayudaron a desarrollar diversas habilidades y en eso estoy súper agradecida, me ayudaron a tomar, fuerza para ser una mujer decidida, para no estar esperanzada en que otras personas tienen que solucionarte la vida.

Ellos siempre me enseñaron a valerme como individuo, haciéndome ver que todos tenemos el potencial para realizar tus sueños.

En mi hogar siempre tuve la enseñanza de mi padre de ser libre e independiente y mi madre que me enseñaba a ser la princesa que espera a que alguien le de todo, esto siempre era un debate en mi cabeza. A lo largo de mi vida y de mi crecimiento creo que me incliné un poco más al lado de mi papá, porque yo sí creo que una mujer puede salir adelante y puede ser una mujer de mucho éxito y que la persona que está a tu lado va a ser compatible en cualquier etapa de tu vida, te va a ayudar a crecer aún más.

Cuando decido irme a Estados Unidos fue porque pasé por un momento en mi vida donde estuve hospitalizada. Entré en coma porque tenía problemas de asma desde muy chiquita (7 u 8 años) y visitaba mucho los hospitales, eso les causaba mucho estrés a mis papás, imagínate… como padres cuando un hijo se enferma es la peor sensación que puedas tener y quisieras hacer cualquier cosa para que tu hijo no pase por esa situación.

En un momento en el que mi corazón dejó de latir por 2 minutos, y ya me habían dado por muerta, ya le habían dicho a mi papá y a mi mamá "su hija falleció a esta hora, vayan haciendo los preparativos pertinentes" y mis papás estaban totalmente en shock ¿cómo su hija amada de 18 años había perdido la vida? Donde llegó la gracia divina y por un milagro mi corazón tomo fuerza y latió nuevamente y fue el principio de la recuperación total de mi enfermedad crónica, después de ese momento tan duro fue cuando me di cuenta que las palabras son muy poderosas, creo mucho en el universo, en la alineación, en la energía y recuerdo muy bien en ese tiempo, cuando tenía 18 años estaba muy estresada por la enfermedad, porque la carrera que había escogido era muy demandante y además iba pasando por la adolescencia, (obviamente todos sabemos que es una etapa en la que hay que tomar decisiones con hormonas encima), y además que esas malas decisiones te llevan por caminos incómodos, asimismo está el mundo también diciéndote "haz esto, porque esto es lo correcto, y otros haz esto porque esto es lo que está de moda" (el alcohol, las drogas, el sexo) estás en una etapa en la que te preguntas ¡¿qué hago?!, le dije a mi papá "estoy tan estresada que solo quiero graduarme, demostrarles a ustedes que pude y sentir la satisfacción de que me gradué de maestra, después de eso me puedo morir". Me acuerdo literalmente de estas palabras y de cómo se lo dije, con una certeza de que podía pasar esto y ya no me importaba nada más. Yo me quiero graduar, darles el título y ya.

Fue increíble que a las 2 semanas de haberme graduado y haber pasado a recibir mi título de maestra sucedió este percance. Duré días en coma, fue demasiado frustrante para mis familiares que no sabían qué estaba pasando, pero cuando despierto, todo mundo me cuenta lo qué pasó… o sea fueron 10 días de mi vida que se borraron de mi mente, estaba recopilando lo que los doctores me decían, porque hasta ellos estaban sorprendidos de que yo había regresado a la vida y las enfermeras me pusieron "la niña milagro", porque todo mundo ya me había dado por muerta, pensaron que yo no iba a salir de esa crisis, pero cuando despierto estaban impactados, inclusive algunas personas dijeron: "yo no creía en Dios, pero al ver esto, sé que nadie más que Dios pudo hacer el milagro". Los doctores decían: "te hicimos el tratamiento al pie de la letra, hicimos tantos tratamientos y ninguno funcionaba, te dejamos en las manos de Dios, si él quiere que tú vivas vas a vivir" y gracias a Dios, hoy estoy aquí, él me dio otra oportunidad.

Cuando yo pasé por todo eso, mis amigos y mis amigas ya habían empezado la universidad y yo estaba un poco atrasada por estar en este periodo de recuperación, en ese tiempo yo tenía que aprender a caminar otra vez, a valerme por mí misma, a comer. No me acuerdo haber sufrido, más que el día que entré al hospital, los otros 10 o 15 días no los recuerdo, estaba en coma, pero al ver a mi alrededor, en especial a mis papás que pasaron por ese dolor. Yo pensé: "tengo que hacer algo extraordinario en esta vida por ellos, por mí… quiero dejar un legado en esta vida", entonces, si Dios me dio una oportunidad más de estar aquí, no la debo desperdiciar, no debo distraerme, debo enfocarme en lo que vine a hacer en esta vida. Fue una decisión de una niña de 18 años que en ese momento no sabía qué hacer, ya no pude entrar a la universidad, ya no pude seguir lo que había planeado desde antes y vino a mi mente la idea de venir a Estados Unidos, le dije a mis papas "me voy a Estados Unidos, creo que allá puedo estudiar inglés, puedo crecer más en la educación después regresar a Guatemala y crear algo", aunque yo sabía que en mi país es muy difícil, tienes que trabajar durísimo para lograr algo, mis padres siempre nos tuvieron en colegios privados porque en Guatemala (mi país) es muy importante la educación y también lo es para mis padres, así que mis papás me dijeron: "adelante, respetamos lo que tú decidas, de aquí en adelante esta es tu vida".

Le agradezco a mis padres por haber tenido ese desapego y el haber entendido que era mi vida, no creo que haya sido tan fácil, menos después de ver a su hija tan cerca de perder la vida, porque justo ahí mis padres debieron haber sido unas personas con mucha fortaleza y fe para entender, así es, me permitieron fluir ante lo que me esperaba en el mundo. En mi infancia me sentía como una princesa, aunque no me lo decían yo sentía que era muy consentida, mis padres me dijeron "vamos a ahorrar para el boleto, si tú quieres ir hablamos con tus tías para que te reciban allá en Estados Unidos" y así fue.

Estando en el aeropuerto, abracé a mi papá y le dije: "papi dime qué tú me estás mandando a Estados Unidos" y mi padre dijo: "no, esta es tu decisión hija, yo solo te estoy apoyando", con lágrimas en los ojos recuerdo que él me dijo: "aquí está tu casa, siempre vas a ser bien recibida, siempre vas a contar con nosotros. Pero ésta es tu decisión y nosotros solamente la estamos respetando".

La verdad siempre quieres saber que alguien más te está mandando para no sentir el peso de la responsabilidad y decir: "ah bueno, pues sí me sale mal tú me mandaste", pero él, muy sabio me dice: "no hija, esta es tu decisión, tu mamá y yo solo te estamos apoyando y te apoyaremos en lo que tú quieras hacer". Entonces me subo en el avión y llegué a los Estados Unidos a la casa de una tía y si, la vida cambió, ya no había mami y papi, yo tenía que salir a trabajar para empezar a generar dinero para mis estudios, ya era una muchacha de 19 años en un país extraño donde la cultura es muy distinta, el lenguaje, el sistema.

Era emocionante y a la vez incierto porque era la primera vez que estaba fuera de mi casa e iba a aprender a hacerme responsable de las decisiones y de las consecuencias, me di cuenta qué me ayudó mucho todo lo que mis padres me dieron de fundamento en la infancia, los valores, los principios, el estar muy apegada a la iglesia (a la religión) en ese momento fue una base muy importante por la cual ahora tomo mejores decisiones en la vida.

Podía estar libre y tomar decisiones por mí misma, pero sin llegar al libertinaje, siempre comportarme como si viviera con mis papás todavía o me estuvieran viendo, es por eso qué siempre voy a estar súper agradecida con mis padres, porque se tomaron el tiempo para enseñarme para que yo pudiera tomar decisiones a lo largo del camino.

Quiero salir y explorar el mundo, en este momento me toca estar aquí en Estados Unidos y tomar la oportunidad de poder generar y dejar un legado a mis hijos, para luego que cuando el momento llegue agarre mi mochila y me pueda ir por todo el mundo. Recuerdo muchas experiencias que marcaron mi vida profesional y he entendido que Dios, el universo, siempre ha puesto personas tan lindas en mi vida profesional que se han tomado, el tiempo, la paciencia de enseñarme y ahora veo como objetivo principal ser siempre la mejor, ahora estoy aprendiendo y quiero ser la mejor. Entiendo que para cada persona son parámetros diferentes, yo siempre he querido avanzar, no me importa comenzar desde cero porque yo sé cuál es el potencial que me cargó y todo lo que puedo lograr, sé que me puedo tardar un tiempo corto o largo, no sé, pero sé que voy a estudiar para llegar a mí punto máximo.

He sido una mujer muy bendecida en todos los ámbitos, en el personal y en el profesional, he tenido maestros muy buenos que me han enseñado muchísimo y yo solo he intentado absorber lo más que pueda para aplicar en mi vida, es importante aprender una o dos cosas, pero aplicarlas es vital, sí yo no las aplico y las practico no tiene ningún sentido que lo haya escuchado ni que la haya aprendido, eso es muy importante para mí.

Siempre he sido una mujer muy positiva y estoy en una edad en que ya no me importa lo que los demás piensen, me enfoco en mi felicidad y en ser yo misma.

Sé que ya no soy la misma como cuando tenía 20 o 30 años ahora soy más decidida ofreciendo siempre una amistad incondicional, sincera asegurándome sumar a tu vida, actualmente he comprendido que, si mi círculo de amigos es de dos o tres personas solamente, es perfecto, porque ahora entiendo que algunos se van a quedar por un día, un mes un año o para toda la vida.

A ti lectora te digo que si tú estás en crisis en este momento, es muy difícil aconsejarte porque es más fácil hablar cuando no estás pasando por eso, pero una estrategia que a mí me funcionó es tomar acción en su momento, cada persona sabe que tiene su tiempo y espacio y debemos respetarlos, creo que a veces la sociedad te obliga a sanar en el tiempo que piensan que es el correcto, más sin embargo creo que si estás en crisis lo mejor es buscar algo que te apasione hacer, y no soltar esa chispa de felicidad en el día, cuando veas el primer escalón empieza a subirlo.

Lo que me ha ayudado a salir de los desequilibrios, es creando momentos, buscando algo que a mí me guste hacer, la estrategia que te quiero dar es que encuentres algo que ames hacer o experimenta algo nuevo y crea a través de ello, si te gusta sembrar, siembra, si te gusta hacer cosas de tejido hazlas, si te gusta el ejercicio hazlo, si te gusta ayudar a las personas hazlo, trabájalo con amor, encuentra algo que te llene a ti. Vamos por la vida haciendo felices a los demás, pero no nos estamos haciendo felices a nosotros mismos, así que te sugiero que encuentres algo que a ti misma te genere felicidad, al encontrarla se va a irradiar a los que están a tu alrededor y se van a contagiar de ella, eso es lo más importante para mí.

Actualmente un consejo que yo le doy a mis hijos es que no te importe lo que digan los demás, que no te preocupe lo que los demás piensen. Yo tardé 40 años para darme cuenta de que no era relevante lo que los demás decían de mí y me costó mucho tiempo dejar esa etapa de mi vida.

Quiero insistir en esto, te invito a ti lectora ¡haz lo que te haga feliz!, la gente va a hablar hagas bien o hagas mal, siempre la gente te va a decir algo, así que deja que hablen, ¡no importa! Lo mismo le digo a mis hijos ¡hagan lo que a ustedes les haga feliz! y ellos me dicen: "mami, pero me van a criticar" y yo les respondo: "¡que no te importe!" "¡no esperes a que pasen 40 años para que te des cuenta de que no tiene que importarte lo que la gente te diga!" "sí ahorita a tus 15 lo aprendes, vas a empezar a ser feliz desde ahorita y te vas a ahorrar una vida de dramas".

Es difícil aceptarlo, porque a tu alrededor existe un sistema que te educa de una forma y está a flor de piel el qué dirán, pero debes entender qué es un proceso. Recuerdo cuando yo tenía 15 años y comparo con lo que vivo con mi hija de la misma edad ahora, la diferencia es que yo soy una madre que decido adaptarme para cuando ella me platique algo yo pueda decir: "nena hazlo, si a ti te gusta eso hazlo. Si te gusta vestirte de tal manera, vístete. Si te gusta peinarte así, péinate y qué importa lo demás, con que tú te sientas bien contigo misma estás actuando como tú eres". Lo más importante para mí es ser un ejemplo, para que así mis hijos vean en mí, esa escuela de hacerse feliz por ellos mismos. Mis dos hijos son mi prioridad y a ti te invito a que descubras en dónde estás poniendo la mayor atención y energía en tu vida.

Karen Solórzano

Violeta

Por Ana Valenzuela

Este mensaje lo dirijo en especial a todas las mujeres divinas y espero que, al leer este pequeño resumen de mi vida personal puedan llegar a entender como las emociones influyen en nuestra propia autodestrucción o sabotaje.

Les puedo decir deliberadamente que buscar la sanación puede ser muy exhausto, pero no imposible, simplemente tienes que querer y estar listo para SANAR.

Amo, honro y bendigo a mis padres terrenales que me trajeron a esta hermosa vida, pero ellos no tenían idea de lo que alrededor de mis 5 añitos me estaba pasando, ya que aquí empezaron los abusos sexuales, físicos y mentales.

Algunos de estos abusos duraron aproximadamente 6 años, causando heridas muy profundas en mí.

Llego un tiempo que no quería ir al colegio porque uno de los maestros me aterrorizaba solo de saber que lo iba a ver y en cualquier momento me podía arrinconar y lastimar, ya que a mi corta edad no sabía lo que estaba pasando, si eso era normal, si yo lo provocaba o era mi culpa. Incluso a veces me paralizaba a tal grado que me hacía del baño en mi ropa con tal que no me siguiera o me encontrara a solas.

Otro de los abusos que tuve dentro del colegio fue el maltrato físico ya que una de mis maestras nos daba de reglazos en las manos y pellizcos en las orejas por muchas razones, por ejemplo, el traer las uñas o los zapatos sucios.

Desde ese tiempo se fueron acumulando los miedos y a la misma vez causando mucho rencor, odio e inseguridades.

Cuando fui creciendo y me sentía con ese miedo, agobio o furia por algo que había experimentado y a la vez causaba dolor en mi alma, encontré una frase dentro de mi ser para calmar mi mente y todo lo que sentía. Esta frase era: "Esto es temporal y sé que pasará".

Lo decía con mucha fe porque sabía que esos momentos de dolor y angustia simplemente se desvanecerían.

Algo que me ayudó mucho fue que desde niña tenía mucha imaginación y me descontaba de mi realidad y del dolor gracias a los cuentos que escuchaba en la radio, ya que no teníamos televisión por la pobreza en que vivíamos, pero realmente no la necesitaba porque la narración era tan detallada, que mi mente volaba y podía visualizar cada palabra y cada situación que decía. Era fenomenal, solo cerraba mis ojos y mi mundo se llenaba de fantasía y magia que me transportaba a otros mundos, otros planos lejos del dolor y la angustia.

Cuando tenía 6 años nació mi único hermano y se miraba hermoso como un muñequito. Siendo la hermana mayor me sentía con la responsabilidad de que tenía que darle mucho amor.

Siempre estaba al tanto de mi hermano que estuviera fuera de peligro porque era muy activo, especialmente cuando empezó a caminar, en todo se subía sin miedo a que se pudiera lastimar.

El tiempo fue pasando y mi hermano fue creciendo con sus propios desafíos y conflictos emocionales. No estoy segura exactamente de qué situaciones difíciles le pasaron o que heridas estaba cargando ya que tuvimos una desconexión desde la adolescencia.

Con el tiempo y otros conflictos familiares esta separación fue más grande que hasta la fecha no se ha llegado a nuevos acuerdos, lo cual me llena de tristeza.

En mi adolescencia alrededor de los 14 años empecé a ser una niña super rebelde, malcriada, desamorada, peleonera que no toleraba nada de nadie y el que me buscaba, ¡valla que sorpresa le esperaba!, era de las chicas que tenían peleas físicas hasta que sacaba mi enojo, era tan rebelde que ni yo misma me aguantaba.

Sentía que algo me quemaba por dentro y no sabía cómo expresarlo o como sacarlo, literalmente me estaba volviendo loca. No sabía controlar mis emociones de furia, ira, dolor y tristeza que sentía, probablemente eran por los abusos que siempre tuve, pero en ese momento no los comprendía.

Me salía de la escuela y me gustaba ir a la playa, a caminar a los parques sola o con mis amigas, pero para mi sorpresa en esas salidas por confiada, sucedían otro tipo de abusos desagradables y dolorosos que hacían que mis emociones se convirtieran en un caos más grande.

A mis 18 años tuve mi primer hijo y gracias a Dios su nacimiento vino a calmar mi ser, a darme la paz que necesitaba y tener más equilibrio en mis emociones, tener pausas que me ayudaban a respirar, poder vivir y entender el proceso de la vida.

Sin embargo, me llevé un susto muy grande porque cuando se llegó el tiempo de nacer mi hijo, se estaba asfixiando con el cordón umbilical que lo tenía alrededor de su garganta y cuello.

Los enfermeros le indicaron al doctor que su respiración se estaba desvaneciendo y me tuvieron que llevar de inmediato a la sala de cirugía para una Cesaría de emergencia.

Fue muy intenso el proceso, pero al fin cuando tuve a mi hijo en mis brazos sentí una fuerte conexión de corazón a corazón reconociendo lo que es el verdadero amor incondicional.

Al mirarlo a sus ojitos me salieron lágrimas de amor y felicidad que nunca había experimentado en mi vida.

Aproximadamente una semana después me dieron de alta y regresamos a casa, pero ese mismo día experimenté un fuerte dolor de cabeza que perdí el control de mi cuerpo y me dejo en cama por días sin poder levantarme.

Me llevaron de emergencia nuevamente por que ese dolor fue una complicación causada por la inyección Epidural que se llama Punción Dural o Lumbar.

¡Fue un gran desafío tener a mi hijo a los 18 años! Era muy joven y sin experiencia, al grado de no tener idea ni de cocinar un huevo, lavar los platos, la ropa o limpiar y mucho menos tener la gran responsabilidad de cuidar a un bebe.

Me sentía como un niño cuidando a otro niño, pero gracias al amor tan grande de madre por un hijo, decidí aprender todo lo que fuera necesario o importante para él y para mí también.

Algunas mujeres pasamos un tiempo de oscuridad después del parto y yo sufrí una fuerte depresión posparto que literalmente duro un periodo de un año. De alguna manera todas pasamos por un proceso diferente, dependiendo de lo que cada una venimos cargando dentro de nosotras.

Fue así como acudí a una naturista y empecé un tratamiento de productos naturales, aunque no conocía las hierbas ni su función, tuve la confianza porque sentí mucha mejoría y no dude en tomármelo.

En ese tiempo mi pareja era el único que trabajaba y nos vimos en la necesidad de que yo empezara a trabajar porque ya éramos tres de familia.

Inicialmente vivimos con sus padres por una temporada hasta que ya nos sentimos seguros de pagar un alquiler por nuestra propia cuenta.

Primero empecé a trabajar en un restaurante de comida rápida y luego al poco tiempo me dediqué a la limpieza de una casa y al cuidando de dos niños.

¡¡¡La casa literalmente era una enorme mansión!!! lo cual terminaba muerta de cansancio porque yo era la única que limpiaba y además cuidaba a los niños de lunes a viernes y algunos fines de semana.

A los 23 años decidí retomar mi educación y tomé algunas clases de Administración de Negocios que me llevaron a un rumbo diferente y me abrieron otras puertas. Al terminar la escuela, en nuestra graduación llego una agencia de empleos que estaban solicitando personal y empecé a trabajar para ellos.

Después de haber experimentado diferentes lugares en esa agencia de trabajo, me enviaron a una organización no lucrativa que ayudaba a familias no aseguradas, a las que no tienen o no han podido obtener una cobertura de salud. Esta organización me ofreció una buena posición de trabajo que me contrataron permanentemente y desde junio de 1998 hasta el presente ha sido un placer trabajar con ellos.

Ha sido un honor conocer y tratar con cada uno de los clientes durante todo este tiempo, el poder ayudarlos a través de los recursos de esta organización, pero más que eso, me apasionaba el saber que podía escucharlos y que ellos tuvieran la confianza de desahogar sus angustias, sus emociones, sus traumas que han tenido en el camino de sus vidas. Esa confianza permitía que fluyera la conversación y así pudieran abrir su corazón y sanar a la vez.

Al final de cada cita y después de estas charlas podía apreciar la sonrisa en su rostro y la tranquilidad de que pudieron soltarse, sentirse más plenos y con una solución a su problema. Este trabajo ha sido de gran bendición en mi vida ya que al poder ayudarlos a sanar también sanaba yo.

Gracias a este empleo que me he dedicado alrededor de 24 años de mi vida, me ha dado la oportunidad de convivir con gente de toda edad, de toda etnia cultural y poder conocer su forma de pensar y de expresar su sentir a través de los problemas que se presentaban en el día a día.

Este tiempo fue fundamental para mí, porque en si fue un entrenamiento donde aprendí la paciencia, la diplomacia, el respeto y el lenguaje único para cada persona que yo atendía. También ha sido la plataforma para iniciar en lo que hoy es mi gran pasión y misión, a la vez que es el poder ayudar a la verdadera sanación del Alma no solo el cuerpo físico, a través de la energía, el amor y el perdón.

Otra etapa de gran prueba en mi vida fue a los 24 años cuando esperaba mi segundo hijo con mucho amor. Leí libros que me ayudaran a educar mejor a mis hijos con amor ya que sentía que con este conocimiento tendría un poco más de experiencia con ellos.

Cuando tenía 4 meses de embarazo mi doctora me sugirió que era importante que tuviera el procedimiento de Amniocentesis y un Ultrasonido del cerebro del bebe lo cual yo no los quería hacer, pero ella me insistió y me sentí obligada hacerlo. Después de unos días me llamaron y querían que mi pareja y yo fuéramos de inmediato al hospital por los resultados.

La doctora y la enfermera nos explicaron que los resultados no eran buenas noticias porque encontraron que los cromosomas no eran normales.

La única opción que nos dieron fue abortar al bebe o lo contrario nacería con Síndrome de Down y con una malformación en su cerebro, lo cual tendría una corta vida y tal vez no llegaría más de dos años.

Con esa noticia sentí que no podía respirar, que mi corazón se rompía en pedazos y que caía en el vacío de un precipicio donde el llanto tampoco se hizo esperar. Mi pareja y yo nos fuimos a casa con el corazón y al alma destrozada. Ahí tuvimos una fuerte platica y él me dijo: ¡donde esta tu fe! y que si aun creía en Dios.

Eso fue una sacudida muy fuerte y sentí una gran necesidad de meditar y hablar con Dios.

Fue una larga plática con Él y le prometí que confiaría y todo lo pondría en sus manos. Así que no tome la decisión de abortar como lo sugería mi doctora.

Seguí con mis visitas prenatales, mis vitaminas, los cuidados pertinentes y sobre todo la fe en Dios, de que todo estaría bien.

Los meses fueron pasando y los movimientos del bebe eran normales, pero a los 8 meses de embarazo sentí morir por un fuerte dolor en mi abdomen, después del dolor empezó una fuerte hemorragia, estaba en casa y cuando mi pareja se dio cuenta me llevo al hospital de emergencia. Ahí me di cuenta de que sufría de "placenta previa" que ya me habían informado, pero nunca nadie me explico en realidad que era o que cuidados debía tener.

Como estaba perdiendo demasiada sangre los doctores me pusieron una transfusión y estaban muy asustados porque pensaron que yo no sobreviviría ya que deje de reaccionar.

Cuando desperté, estaba en observación y ya me habían realizado una cesaría de emergencia y ¡que creen! mi hijo nación sin ninguna complicación de Síndrome de Down o problemas en su cerebro, todo había desaparecido como magia gracias a la fe en Dios.

Me dejaron ver a mi hermoso bebe tan solo por un momento muy breve porque lo tenían que llevar de inmediato a una incubadora por los altos niveles de Bilirrubina que tenía. Se miraba tan bello, pero con el color de su piel amarilla.

Por lo delicado y complicado del parto, me costó mucho amamantar a mi bebe, tuve que extraer mi leche materna y ponerla en bolsitas para que se congelarán y podérsela dar al bebe cuando le tocara su hora de alimentación.

Después de una semana o dos regrese sola a casa sin mi bebe, ya que él se quedó en el hospital hasta que los niveles de Bilirrubina bajaran completamente.

Parecía la llorona ya que añoraba mucho a mi bebe de no tenerlo conmigo en casa, aunque lo visitaba al hospital todos los días por casi un mes para verlo y alimentarlo de mi leche materna, aunque no podía tocarlo, solo por medio de la incubadora, pero entendía que era lo necesario para su salud. Pero gracias a la luz divina de dios mi bebe se recuperó y al fin pudimos disfrutar en familia y por fin tenerlo en nuestros brazos en casa.

Mis hijos siempre han sido mi motor, mi gasolina, mi fuerza. Y como todos fueron creciendo con sus propias luchas y desafíos, el verlos con sus cargas emocionales me rompía el alma, aunque siempre les di mucho amor y trataba de ayudarlos, sabía que no tenía control en sus decisiones, ni experiencias por vivir.

Durante ese tiempo debido al estrés del trabajo, mi familia y a la acumulación de emociones de la vida cotidiana empecé a experimentar ataques de ansiedad, pánico y a la vez una depresión muy fuerte.

Recurrí a mi doctor primario por ayuda, pero los medicamentos que me recetaron no ayudaron, sino al contrario me provocaron una ulcera en mi estómago y problemas en los riñones.

Esto me llevo a buscar diferentes alternativas naturales, entre ellas fueron libros de superación personal, actividades como el caminar y correr en la naturaleza, clases de yoga, mejorar mi alimentación, en fin, un cambio radical en mis hábitos diarios.

En la vida nada pasa por casualidad, todo está perfectamente conectado y destinado a experimentar lo que tenemos que vivir, porque todo tiene una razón y una gran lección.

A mis 43 años todo en mi vida literalmente se puso en pausa, mi familia, mis amistades, mi trabajo y todas mis actividades cotidianas porque mi padre tuvo una emergencia donde cayó en coma, los doctores nos informaron que quedaría en forma vegetal, aparte le diagnosticaron cáncer en la piel (melanoma), en una etapa muy avanzada y que solo duraría unos meses de vida. Mi familia y yo estábamos devastados por la noticia.

Otra vez mi pareja me apoyaba diciéndome que ¿Dónde estaba mi fe en Dios? y si, ¡tenía razón!

Así que con mucha fe pusimos a mi padre en oración con toda mi familia y amistades, una vez más la prueba de que Dios responde, porque el reacciono como por ¡Arte de magia! alrededor de cuatro semanas.

Gracias a mi trabajo que estaba relacionado con toda el área de la salud, desde doctores y hospitales, se pudo trasferir a mi padre a otro hospital especializado en oncología quirúrgica para darle seguimiento a su recuperación.

Fue una batalla para cuidarlo entre mi madre y yo de día y noche, porque además lo llevábamos a México a recibir terapias alternativas que le ayudaron mucho alargándole su vida por otros cinco años más en este plano terrenal. El decidió seguir con sus quimioterapias, pero desafortunadamente en mi pensar eso fue lo que acabo con su vida, porque los tratamientos naturales le estaban trabajando muy bien.

El poder cuidar a mi papi fue difícil por su condición de salud tan complicada, porque además de del cáncer perdió la vista a raíz de una cirugía del cerebro. A la vez fue muy hermoso poder dedicarle tiempo de calidad, compartir y disfrutar de la buena música que a él le gustaba y el contarme anécdotas y aventuras que no conocía de él.

Mis padres siempre nos demostraron amor y fortaleza y ver a mi papi en esta situación de salud, tan frágil y débil me destrozaba el corazón, me sentía impotente el no poder hacer más por él.

Un fin de semana antes que se fuera de este plano tuvimos una larga plática referente a la muerte, me confeso que tenía mucho miedo, pero a la vez él se sentía listo y entendía por el proceso que iba a pasar. Eso me dio paz y con amor lo acompañe hasta su último suspiro.

En marzo 13 de 2017 mi padre dejo este plano terrenal y sentí que mi corazón se iba con él. Fueron unos meses muy difíciles con su partida ya que no entendía como procesar el dolor y manejar mis emociones, que además surgieron las mismas emociones viejas que no había podido procesar anteriormente. El nivel de depresión se volvió crónico, los dolores de cuerpo empezaron a manifestarse por todos lados y sentía que todo iba de mal en peor.

Esta situación me llevo a retomar las clases de Yoga para balancear el dolor físico, mental y emocional que estaba viviendo. Ahí en esas clases estaban anunciando un retiro espiritual en Costa Rica y yo sentí el llamado en mí alma.

En enero del 2018 me armé de valor y fui a ese retiro sola, sin conocer a nadie, pero sabía que me ayudaría mucho con la perdida de mi padre que no podía superar y todo el caos que traía en mi ser.

Ahí conocí a grandes y hermosas mujeres sanadoras que también estaban allí trabajando su propio proceso. Ellas al ver mi sufrimiento me extendieron la mano y me dieron su apoyo con mucho amor y compasión.

Esta experiencia fue mi gran despertar de conciencia espiritual, porque sentí como la Selva y toda la naturaleza me recibían con los brazos abiertos y su energía de amor me acobijaba como una magia que a la vez me conectaba con el todo, transformándome en un Ser nuevo y completo en todas sus formas. Fue algo hermoso y mágico que recordare con mucho amor y gratitud.

Ya de regreso a Los Ángeles California, me contacté con las mujeres sanadoras que conocí en el retiro y ellas me iniciaron en el nuevo camino de la energía, con la técnica de Reiki que no conocía. Estas terapias me ayudaron mucho con el proceso de mi sanación y después de varias sesiones nos hicimos muy buenas amigas y ellas me recomendaron que tomara clases formales porque descubrieron en mi a una gran sanadora.

El conocer estas técnicas de sanación energética me ayudaron a vibrar en positivo y darme la oportunidad de conectarme con las personas indicadas que me guiarían en este nuevo caminar de conciencia. Así fue como una de mis amigas me presento a Griselda Guzmán, una gran Reiki Master y también al maestro Alberto Morales, que con sus terapias excepcionales me dieron mucha confianza y amor, me ayudaron tanto que decidí a tomar las clases de Energía Pránica y Reiki.

El conocer diferentes maestros y técnicas me dio la oportunidad de profundizar aún más en este despertar y saber que todos somos únicos, entendiendo que cada ser tiene diferentes dones y regalos espirituales.

En ese mismo tiempo me invitaron a participar en un grupo de mujeres empoderadas que me abrieron su corazón y a la vez pude contribuir con herramientas que he aprendido en mi camino espiritual. Por cosas del destino las charlas se empezaron a dar en mi casa y eso me dio estabilidad, seguridad y a la vez el conocimiento al preparar cada clase, cada charla, cada meditación que teníamos. Ahora es una satisfacción el ver como este grupo ha crecido y evolucionado tanto en sus vidas como en su camino espiritual.

El camino es largo y doloroso más para unos que otros, ya que dentro de mi experiencia entendí que tuve que pasar pruebas extremas para llegar a donde estoy y pasar múltiples sanaciones para poder sanar lo que pensé que era casi imposible. Entendí que todos sanamos de diferente manera y en distintos tiempos y no podemos interrumpir el proceso de nadie, no tenemos control de nadie más que de nosotros.

Se que no podemos llegar a la iluminación sin pasar por el proceso de una profunda sanación, hasta que realmente nos rendimos a lo desconocido sin resistencia, sin expectativas, a pesar de los miedos solo es rendirse a nuestro propio conflicto interno con nosotros, porque la lucha no es afuera sino por dentro y la lucha no es con algo físico o material sino con algo energético y ancestral.

Solo es conectarte con Dios, con el Cosmos, con tus Guías espirituales que te ayuden en el proceso y lo más importante es dejarte guiar, es rendirte porque ya te sientes cansada y estás lista para tu sanación. A la vez es recordar que tienes un propósito y una misión maravillosa por cumplir en este plano terrenal y ya es tiempo de activar tu conciencia, de saber quién eres y tomar acción en tu nuevo caminar.

Este despertar no lo entenderás hasta llegues a ese punto máximo de caos y te entregues totalmente a tu divinidad y así, solo así fluirá la ayuda a ti sin que la busques. Esta energía simplemente llegará a tu corazón y te guiará.

Esta alerta porque …. ¡Es tu Yo Superior, escúchalo!

¡Que la Luz Divina de Dios ilumine tu camino!

* POSDATA*

Esten alertas en los próximos meses ya que este capítulo solo es el principio de una serie de herramientas que escribiré para ayudarte en este caminar espiritual.

Ana Valenzuela

Araceli, una niña Altamente Sensible

<PAS

SER DIFERENTE ES LO MEJOR QUE ME HA PASADO EN LA VIDA

Antes de empezar a contar la historia de Araceli una niña que sólo tenía 5 años.

Me voy a presentar con ustedes mi nombre es Esther Meza; soy de Ensenada, Baja California, México. Actualmente trabajo con niños Autistas como asistente de maestra en Las Vegas, Nevada.

La historia comienza en el año 1978; Araceli tenía tan solo 5 años. Era una niña sensible, tímida, no sabía expresar sus sentimientos; le costaba llevar una comunicación con niños de su edad. Araceli era una niña soñadora siempre sentía que no era de este planeta. Constantemente miraba al cielo creyendo que una nave vendría por ella. Tampoco era igual a sus 4 hermanos y llego a creer que era una niña adoptada. De modo que fue creciendo la sociedad la etiqueto como una niña mentirosa, grosera, callada, fantasiosa, llorona, bicho raro, extraterrestre. Simplemente una adulta encerrada en un cuerpo de una niña. Pongamos atención a nuestros hijos menores cuando nos cuenta una historia o hacen preguntas; nunca sabremos cómo se sienta si no los dejamos hablar.

Cuándo Araceli se acercaba a su adolescencia empezaron los problemas ¿por qué? no tenía identidad, no encajaba en ningún grupo ni por su color o raza. Nunca hubo nadie que le pudiera explicar el porqué de sentir un vació dentro de su ser; lo único que la consolaba era estar a solas en su mundo imaginario. Poder dormir por largos periodos durante el día, solo quería olvidarse de este mundo tan cruel para ella; donde no entendían que Araceli pertenecía al 20% de personas Altamente Sensibles llamadas <PAS>. En su búsqueda de encontrarse así misma; se incorporó en una clase de violín y canto en la iglesia. Por unos años logro estar estable a lo que cabe. Hoy en día hay muchos adolescentes que no saben que son Altamente sensible y optan por alcohol, drogas, sustancias tóxicas que los llevan al suicidio.

Hasta aquí solo les he redactado parte del sufrimiento de Araceli. Cómo ella llevó su proceso por ser Altamente Sensible <PAS> A Continuación seguiré contando cómo fue el proceso de Araceli en una edad adulta. En el año 2005 las crisis empeoraron sufría depresión, ansiedad, se aislaba de todos, tenía caída de cabello, un descontrol de peso y aun no podía encontrar un grupo donde ella se sintiera confortable para compartir sus emociones.

Filipense 4:6-8

Era una mañana cuando Araceli empezó hacer sus oraciones. De repente le vino a la mente buscar en la página cibernética todo lo que ella sentía al ser una mujer Altamente Sensible. Lo primero que apareció fue la palabra <PAS> esa palabra le retumbo en su corazón sintió haber encontrado la solución a su problema. Así era como ella lo llamaba problema sin darse cuenta de que era un Don haber nacido con alta sensibilidad. Por qué Araceli podía entender a los demás, aunque ellos no pudieran entenderla. En este mismo sitio web aparecía un cuestionario donde al responder las preguntas Araceli lograría saber si era una persona Altamente Sensible <PAS>. Cuál fue su sorpresa al descubrir que formaba parte del 20% de personas Altamente sensibles y que a ella le afectaba más los sucesos positivos como los negativos. En los años 90 la psicóloga norteamericana Elaine Aron por primera vez dio el termino de persona Altamente Sensible o <PAS>. Tenemos que aclarar en primera instancia que no se trata de ningún trastorno, patología o enfermedad mental si no es un rasgo hereditario.

Jeremías 29-11

Las cosas positivas que le sucedían a Araceli por ser Altamente sensible son:

- Si estas alrededor de Araceli ella puede saber lo que necesitas sin que tú le digas nada.

- Su creatividad está más desarrollada de lo normal; si se lo propone puede llegar a tocar el instrumento que ella quiera.

- Sus siete sentidos están super desarrollados; que es capaz de escucha hasta el mínimo sonido de un insecto.

- Desde muy chiquita tubo el presentimiento de que se movería de ciudad y a los 13 años sucedió el acontecimiento.

- Puede mirar tu alma a través de tus ojos y conectarse con tus sentimientos.

- Es una persona trasparente.

- Su sexto sentido nunca le falla.

- Los sueños los vive con más intensidad; es como si estuviera dentro de una película 3D.

- Ella sabe que todos somos uno; sin embargo, ella puede distinguir la falsedad de las personas o la maldad.

HOY EN DIA ARACELI PRACTICA:

- Respiraciones al aire libre.

- Bailar y canta a solas.

- Escribe canciones a Dios.

- Comparte su sonrisa con todos.

- Camina con los pies descansos.

- Grita si es necesario.

- Busca tiempo para estar a solas.

- Aprendió a manejar sus emociones.

- Encontró un grupo donde hablan su mismo idioma.

- Duerme 8 horas.

- Abraza los árboles y deja ir todo lo negativo.

- Escucha una y otra vez el audio libro de los 4 acuerdos por Miguel Ruiz.

- Aprendió a conocer lo que le gusta y lo que no gusta.

- Si te rindes cuando las cosas se ponen difíciles nunca lograras nada EXTRAORDINARIO en tu vida.

- Todo lo que vale la pena en la vida es difícil.

- Proverbios 31:25: Ella esta vestida con fuerza y dignidad y se ríe sin temor al futuro.

Si en algún momento te sentiste identificada con Araceli, no dudes en buscar ayuda profesional. Al igual si tienes un hijo con estas características busca información para saber si es <PAS> una persona Altamente Sensible. Te dejare mis datos si en algo te puedo ayudar con gusto lo haré; ¿por qué? igual que Araceli yo soy <PAS> una persona ALTAMENTE SENSIBLE. Por este medio solo conocerás una mínima parte de la historia de Araceli una niña Altamente Sensible. Le quiero dar las gracias a mi Madre Esther Torres por ser la mujer que soy hoy en día y a ustedes lectores por apoyarme en mis principios de escritora.

Esther Meza: 702-782-9075

Instagram: esthermezat,

Fan Page: Esther Meza Vive Feliz

Francia Alicia

La Abuela Rumbera

Dios no te hubiese dado la capacidad de soñar sin darte antes la oportunidad de ver realizados tus sueños.

Francia Alicia es una madre de 3 hijos 2 mujeres y un hombre, abuela de 7 nietos, mujer que era una excelente niñera que llevaba 5 años sirviendo a una familia aquí en Las Vegas, donde me daban comida, alojamiento y un salario muy bajo, por el hecho de que me trataban bien, no salía de esa casa, pero llego un día que me cansé, porque había muchas responsabilidades tenía mucho trabajo y probablemente estaba sufriendo un abuso laboral, era una injusticia siempre que estaba en esa casa haciendo mi tarea, cuidando a los niños.

Trataba de escuchar audiolibros, me gustaba ir a un parque, escuchaba y leía libros de superación cursos de superación siempre decían que iba a salir adelante y siempre me vi como esa cenicienta que un día iba a testificar que no iba quedarme toda la vida como empleada doméstica sino ser una mujer que iba a salir adelante aunque en ese momento solo sobreviviría con ese salario bajo que no me alcanzaba para nada, aunque Dios me hizo ver que había un luz al final del túnel y que en algún momento mi vida iba a cambiar.

Cuando me doy cuenta que el dinero que recibo de pago solo medio alcanzaba para pagar mi teléfono, mi gasolina, y medio para vivir, llegó un domingo que voy al banco y me encuentro con un sobregiro de 5 dólares y pienso que debo hacer algo porque mañana van a ser 35 dólares más, así que se activó en mí una desesperación de hacer un gran cambio en mi vida y me dije: es ahora que le voy a poner fin a esta situación en la que me encuentro, le pedí a Dios ayúdame que tengo hambre de salir adelante así que pensé "estoy vestida para la ocasión, tengo mi equipo, mis hula-hula, tengo talentos, puedo hacer algo con esto y dije: Dios mío dame la fuerza, quítame la pena y el miedo porque son dos factores que nos paralizan y no nos dan dinero.

Ese día me animé a trabajar de artista en el strip, así que decidí que no estaba en mi estar triste, que no debía tener miedo, y reconocí que me encanta bailar así que recordé un pasaje de la biblia que dice que "Dios echa fuera todo temor" y me dije a mi misma puedo hacer algo con esto y de ahí con esa hambre que ese día tenía que conseguir ese dinero por mis propios medios, me dije no le voy a pedir prestado a nadie y fue cuando llego a mi carro para irme a buscar un lugar donde utilizar mis dones pidiéndole la dirección a Dios que él me muestre cual sería el lugar ideal para mí para hacer un show de una abuela bailando con el hula hula debo aclarar que no era la primera vez de hecho era la quinta vez que intentaba hacer artista de la calle, recuerdo que hace 5 años la policía prohibió a cualquier artista callejero colocarse en el lugar del boulevard de Las Vegas porqué los casinos querían el dinero dentro de sus instalaciones no en la calle, después de la pandemia sin que hubiera un solo artista en Las Vegas Boulevard me atreví a ponerme en un lugar y bailar sin vergüenza y en esos primeros 15 minutos no hubo propina así que pensé que si en 15 minutos mas no hubiera el primer tip decidía irme a mi casa así que en ese momento salió una señora que se llama angélica que me había visto de una heladería y me dijo esta señora baila muy bonito voy a dale una propina.

Ella ahora es mi mejor amiga, cuando me dio esa propina empezaron a llegar más y más y en menos de 2 horas llegué a juntar 79 dólares no podía creer miré hacia arriba y dije señor porque había tanto dinero di las gracias a Dios y llegué inmediatamente a un restaurante, donde me pedí un pescado salmón y sacié mi hambre, después de eso corrí al banco, deposite el dinero para cubrir el sobregiro, eran las ganas de querer dejar el lugar donde estaba lo que borró la pena y el miedo que sentí en el momento que iba a bailar si lo hubiera dejado avanzar el tiempo sin cambios no hubiera pasado por esa maravillosa experiencia de convertirme en la abuela rumbera.

Ahora en Junio 2022 voy para 15 meses haciendo el papel de la abuela rumbera entreteniendo a los turistas que vienen a visitar Las Vegas, he tenido muchísimos obstáculos, la policía me había corrido varias veces el año pasado, fueron muchas veces, pero no me daba por vencida, este año llovieron una cantidad de artistas que ahora estamos en la calle, ahora son tantos artistas que ya la policía lo autoriza, me han hecho entrevistas en la prensa local, participé en una revista, también en el periódico de la ciudad y el hecho de que la policía pase e inclusive se queden un poco a ver mi show me llena de satisfacción, el llevarles yo alegría a una cantidad grande de personas es mi pasión y que ellos se llenen de satisfacción y que una abuela de 60 años que nunca ha hecho drogas, que no toma y que llevo una vida tranquila, además una vida saludable como bien, duermo bien y todo eso se refleja en esas cuatro horas de trabajo intensas que a veces son 5 horas diarias de bailar ininterrumpidamente, moviéndome con la mezcla del baile y el hula-hula, al son de diferentes ritmos musicales.

Es maravilloso sentir la admiración de tanta gente, de mi familia sobre todo y día a día ver esa caja llena de tips eso para mí es una tremenda satisfacción hoy en un día me gano lo que me ganaba en de niñera en una semana recuerdo que dos meses después de empezar a bailar renuncié a mi trabajo, me independicé, busqué apartamento, compré mi auto, porque tuve libertad financiera y laboral, hoy no trabajo, estoy en un sitio de entretenimiento y diversión disfrutando del placer de vivir.

Todos tenemos talentos, todos nos destacamos en algo, pero primero que todo Yo pienso que la fe puesta en Dios es la que me ha dado a mí la victoria y me ha llevado a salir adelante, Dios fue el que hizo la obra y hecho fuera todo temor, toda pena y si yo lo puedo hacer, sí yo lo logre a mis 60 años con esos deseos de andar con el hula hula, ustedes también lo pueden hacer, cada una de ustedes tienen talentos escondidos que bien podrían utilizar para generar ingresos de forma digna y divertida, dicen que hay más tesoro dentro de la mente humana qué de las mismas minas de oro entonces quiero decirte que hemos venido al mundo con muchos talentos y si nosotros los descubrimos nos va a ir mejor lo importante es descubrir cuál es el propósito de nuestra vida yo me preguntaba yo que soy. Soy maquillista, soy artesana, soy niñera, soy instructora certificada de zumba, tenía como 10 habilidades y talentos, pero ¿cuál será el que me iba a funcionar?

Me preguntaba a qué vine al mundo y cuando Dios me lo puso en mi corazón y dijo lo que tú viniste a este mundo fue a traer alegría y a servir de ejemplo de inspiración a estas mujeres que estamos aquí, porque estamos todas aquí por alguna razón Yo pensé ya la hice puedo morir mañana porque encontré el propósito de mi vida, entonces cuando tú desempeñas un trabajo con amor con dedicación tú no sientes cansancio entonces como dice mi hijo sí mamá ese no es tu sitio de trabajo este es tu sitio de entretenimiento y es verdad ahora yo quiero bailar todo el día todos los días de la semana, pero ahora tengo en cuenta que soy una señora de 60 años y debo de tener días de descanso, porque el ver cuando esos niños llegan con la alegría y depositan en la caja un billete de dólar porque su papá se lo dio para bendecirme o las muchachas que dicen abuela cuando llegue a su edad quiero estar como tú eso es lo que me inspira en que cada día amo lo que hago y toda la gloria es para Dios.

Mi hijo Alberto Mario que es psicólogo, aparte de Dios, es mi guía y el motor que me impulsa a seguir adelante, cuando muchas veces cansada por la persecución de la policía y yo quería renunciar, él me decía: no mamá, sigue adelante no te rindas.

Hoy te doy un consejo: agárrate la mano de Dios. Yo soy una princesa, yo no voy a ninguna denominación de Iglesias, pero si tengo una relación muy bonita con Dios, yo solamente creo en un Dios que si a él le pedimos todo se hace realidad, pero primero es identificar el propósito de la vida,

Hay tantas maneras de uno ganarse el dinero honradamente en la vida o sea yo pienso que la mente desocupada es oficina del diablo si uno se dedica a diario a cultivar cosas buenas en la cabeza escuchar audiolibros asistir a charlas a tener un coach cómo lo tengo yo aquí con Patricia Hernández Carrillo todo eso te cambia la vida, tienes que rodearte de gente positiva aprende a dejar bien de lado las redes sociales porque las redes sociales no nos dan plata el hecho de sentarse uno a ver el teléfono te hace dejar de ganar dinero yo las redes sociales solo me dedico la noche cuando ya me voy a acostar y ya pero que yo pierda el tiempo una hora viendo las redes sociales, mejor me voy a bailar en el strip, teniendo una gran cantidad de propina yo puedo comer, en mi casa yo le prohibí que viera novelas a mis hijas desde muy niñas.

Toda mi vida he tenido una vida activa, por eso me dediqué toda mi vida desde muy joven cuando mi mamá me regaló un libro y lo leí cambio totalmente la perspectiva de vida era un libro de relaciones humanas que he recibido dos veces el mismo libro mi mama me lo ha dado varias veces, y se llama "secretos para triunfar en la vida"; lo he leído más de una vez, y es un libro de relaciones humanas qué me ha dado mucha nutrición el hecho de encontrar muchas palabras bonitas en ese libro encontrarle el amor a la lectura de aprender de seminarios donde participó dónde todas las cosas que tú puedas meter a tu cabeza son parte de tu testimonio el día de mañana

Hoy como consejo les diría todas las lectoras que no desmayé no sé rindan sí yo lo he hecho también lo harán ustedes todo es lo que tú te propongas a dar palabras positivas decir, okay, sí estoy en este sitio donde no avanzo y estoy aquí en las mismas pues salgo de esa zona de confort y lo que de ahí en adelante hay son oportunidades la vida te brinda oportunidades yo ahora mismo tengo el mejor empleo del mundo donde no tengo ni siquiera un supervisor que me esté molestando, yo digo que mi supervisor y mi jefe es Dios, y si se puede considero que sí se puede.

Siempre me ha gustado esa frase que dice: Dios cambió mi lamento en baile, y me encantaría recordarte que Dios te da la oportunidad...

Primero que todo es fácil llevar una vida sana una vida, donde dejes los excesos, el no tomar, el dormir bien, el cuidarnos. Cuando yo supe en una charla que vi en internet que el nivel de longevidad de la mujer colombiana es hasta los 90 años y yo me entero de que me quedan 30, ¡yo sé que son 30 años! Recuerdo cuando mi niño nació hoy ya tiene 37 años solo recuerdo la primera vez que lo puse en mi pecho y ahora digo guau 30 años se han venido en un cerrar de ojos no quiero ser una abuelita con poca movilidad no me ayuda.

Mi mayor hobby es tejer y es hacerte artesanía, pero no me hallo llegando a mi vejez tejiendo, sentada en una mecedora, cuidando nietos. De hecho en el aviso que me acompaña en mis presentaciones ahí una frase que me la creo mi hijo y yo me apropie de ella que dice: " que me disculpen mis nietos que hoy no pueda ser su niñera, pero es que estoy ocupada entreteniendo a la fabulosa gente de las vegas" hay muchos turistas que le toman foto a esa frase y les da risa pero es verdad muchas mujeres llegan a sus años dorados siendo las niñeras y esclavas de sus hijos y nietos y no las dejan disfrutar de su roll, yo siempre he creído que lo que no se mueve se muere al hecho de yo bailar 4 horas eso me mantiene un estado de salud físico y emocional que ustedes no se imaginan sonrío todos los días, canto todos los días, bailo todos los días, no tomo una sola pastilla a pesar de que hace como cinco años me detectaron colesterol alto. Me niego rotundamente tomar pastillas, entonces yo digo que todo está en la mente disfrutar estos pocos años que me quedan de la vida disfrutar mi otoño rodeándome de personas positivas de no hacer dramas en mi vida y que si hay personas que me vienen a buscar a mi vida me alejo, bye, entonces es lindo llevar una vida hermosa sobre todo cuidarnos desde ya porque qué tristeza llegar a una edad adulta y ser una carga pesada para nuestros hijos y nietos lidiando con algún problema de salud.

Debemos poner atención a como actualmente vivimos porque nos acarrea una vida mala, tener mala alimentación por no hacer ejercicio la vida sedentaria daño y siempre me acuerdo de la frase que me decía mi profesora de gimnasia lo que no se mueve se muere entonces Yo no hallo una vida retirada y yo digo que hasta que Dios me dé vida y me dé la oportunidad de seguir bailando todos los días yo lo haré porque siento que mi vida es de triunfo comencé mi vida útil a los 46 años cuando mi primera separación entonces todo está en la mente todo lo manda el cerebro este motorcito debemos aprender a meter cosas positivas tanto al cerebro como al corazón y al cuerpo.

Más adelante esperen mi testimonio que ya estoy comenzando a hacer por qué sé que mi historia va a edificar vidas.

Kendy García

Si eres capaz de ver más allá de tu propia oscuridad, serás capaz de ver el brillo de tu luz. ¡Suelta y confía que Dios está justo en tu interior!

Antes de sanar, y vivir una vida más consciente, era una persona que se quejaba mucho, que lloraba a diario, día y noche. Pasaba muy deprimida y con secuelas de la inestabilidad que viví en mi niñez, ya que desde chica experimenté un ambiente no sano y todo lo contrario al amor. Crecí viendo, escuchando y sintiendo regaños, peleas, críticas, indiferencias, rechazos. Con un papá ausente y una mamá que estaba ahí solo físicamente y que nuestra conexión no era la más fuerte y cercana.

Dentro de ese ambiente hostil que me rodeaba recuerdo más o menos cuando tenía entre 6 y 7 años, escuché que una de mis tías quería agredir a mi mamá con un cuchillo. Sentí claramente la necesidad de buscar a mi mamá dentro de la casa para protegerla. Aun así, con mis nervios y miedos no me importó exponerme y correr el riesgo de que mi tía me lastimara a mí también, me le puse enfrente como escudo. ¡Estaba dispuesta con todo a salvar a mi mama! con tal que no le pasara nada a ella, era suficiente para mí porque mi madre para mí ha sido mi mundo. Para mi sorpresa no pasó a mayores y la tía soltó rápido el cuchillo. Este fue un verdadero milagro donde la acción divina tomó el control y calmar el tormento y la ira que se movía alrededor en esos precisos momentos

Reitero que todas esas secuelas de este ambiente no amoroso y toda esa desconexión familiar afectó mucho mi vida. Sentía que había un vacío inmenso en mi interior porque no entendía porque había pasado por tantas pruebas. No me daba cuenta de que estaba metida en un "fango profundo" donde vivía y respiraba por las heridas de mi niñez no sanadas.

Me embargaba los pensamientos suicidas, la ansiedad y un nivel excesivo de pensamientos limitantes y tristes. Pensaba que todo lo que vivía era un caos, prácticamente todo lo contrario al arquetipo de mujer empoderada capaz de crear y mover montañas si eso era posible. Para poder alcanzar un despertar de conciencia, tuve que pasar por varios episodios, etapas de sanación y sobre todo llegar al entendimiento.

Hablando del despertar consciente, la vida me presenta otro desafío que me llevó a despertar de una forma masiva con el nacimiento de mi único hijo, ya que no me sentía preparada para ser mamá. Los cambios tanto físicos como psicológicos, sobre todo la responsabilidad que significa tener un bebe me agobiaba porque no sabía cómo iba hacerlo. Pasé por el proceso de la cesárea y justo ahí me di cuenta de que algo estaba mal. El papá de mi hijo llega de prisa al hospital y sin estar muy feliz de ver al bebe nacer. Mi mama tampoco se notaba feliz de ver al niño y sin intenciones de quedarse acompañarme en este proceso muy importante para mí.

Recuerdo que mi bebe en aquel entonces no dormía mucho y se la pasaba llorando la mayor parte del día. Fue muy impactante todo esto ya que yo tampoco descansaba lo suficiente, ni me alimentaba bien, incluso bajé de peso alrededor de 30 libras en un mes y no sabía que iba a hacer con tantos cambios. Llegué al punto de querer llamar a la línea de apoyo que le llaman en inglés Crisis hotline, para que me ayudaran y me dieran referencia de lugares donde pudieran cuidarlo

Quería y necesitaba tiempo para recuperarme para permitirme sanar sin representar un riesgo para él ni para mí. Finalmente, no lo hice porque sentía que iba a dejar a mi bebe en manos de alguien más que no conocía. Terminé yendo a buscar a mi mamá y suplicarle que me ayudara y explicarle la situación cómo me encontraba. Ella no muy dispuesta lo cuidaba por ratos. Al observar todo esto que pasaba sentía en mi interior la sensación de estar firme con los dos pies sobre la tierra para no pedir ayuda a nadie, pero no sabía cómo hacer para empoderarme.

Las cosas seguían igual con el mismo ritmo. Después de eso continúe con mi vida. Llegué a unirme a una iglesia cristiana pentecostal donde confíe ciegamente poder encontrar paz, tranquilidad y sanación para mi cuerpo y mi alma que ya no aguantaba tanto sufrimiento. Ahí mismo en la iglesia desafortunadamente fue el tiro de gracia y la peor decepción, porque conocí a una mujer que aparentemente se decía llamar hermana espiritual que quiso ayudarme y se ofreció a rentarme un espacio. Tomé la decisión de irme a vivir con ella; pero para mi sorpresa no sabía con quién estaba rentando. Ella también era una persona lastimada y con mucho coraje a la vida, ya que hablaba siempre de sus frustraciones y su coraje. Cuando ella hablaba con esta manera de ser se le veía en su rostro como si se transformara y sentía como si estuviese viendo a los mismos demonios.

Ella me decía que no quería ruidos por las noches, pero mi bebe apenas tenía 14 meses de nacido y era obvio que lloraba porque tenía alguna molestia. ¿Yo entendía que los niños a esa corta edad expresan sus necesidades con el llanto, o no?

Mientras yo seguía ahí con esta señora cristiana sentí algo en mi interior que me llamó a ir a otra iglesia cristiana donde conocí a otra señora que nunca la había visto pero por cierto se veía muy linda, humilde y de buen corazón que realmente era sincera y empezó a cuestionarme. Le conté lo que estaba viviendo y me dijo "mi niña te quiero ayudar". Ella me compartió que conocía a un hombre y muy buen amigo que podía ayudarme a rentar un espacio para mí y para mi hijo, pero igual escéptica no le tome la palabra ya que desconfiaba porque me había sucedido algo parecido.

Casualmente un par de semanas más tarde la señora cristiana que me rentaba me da la noticia de que necesito abandonar el lugar y que ya no puedo seguir viviendo ahí. Así sin misericordia me saco sabiendo que yo no tenía un lugar fijo donde ir. Lo bueno fue que tenía dinero ahorrado y decidí tomar la opción de la otra señora que me ofreció rentar con su amigo. ¡La verdad no tenía mucho de donde elegir

Solo rogaba a Dios encontrar un poco de paz, de tranquilidad en un nuevo lugar y justo fue lo que pedí ya que el trato que tuve con este ser humano fue como un ángel en la vida de mi niño y la mía.

Este hombre se volvió mi amigo y como un padre para los dos tanto para mí como para mi hijo que hasta cierto punto se comportó como una madre, ya que nos cuidaba y estaba atento a todas las necesidades de los dos. En nuestros rostros se notaba la tristeza y el dolor que ambos traíamos. Este hombre fue lo que llamaría un verdadero milagro puesto por Dios justo a tiempo antes de colapsar o volverme loca.

Después de que este ángel apareció en nuestras vidas fue justo ahí cuando la vida dio un giro radical de 180 grados tanto para mí como para mi hijo, recordando que la fuerza de Dios siempre estuvo conmigo, ya que aquí fue cuando empezó mi verdadera sanación. Empecé a tomar clases y diferentes tipos de terapias para sanar las heridas de mi niñez y a la vez crear un vínculo más estrecho con mi hijo.

El tiempo pasó y en el año 2021 enfrente uno de los más grandes retos en mi vida, un accidente automovilístico y como consecuencia de este evento, tuve un fuerte reto en mi salud ya que se me dislocaron 3 discos de la columna y eso ha representado grandes inconvenientes en mi espalda baja. A raíz de esto ya no volví a quedar igual y para mí ha sido muy desafiante tener que ajustarme a los cambios en mi cuerpo.

Solo cuestionaba y no podía entender ¿por qué había pasado por este accidente? Tenía episodios de rabia, de enojo y me preguntaba ¿por qué me culpan de este accidente? pues yo sentía y sabía que no había cometido ningún error. Estas preguntas también fueron un constante reto de indagación, pero sobre todo fue una lección para aceptar que las cosas pasaron tal cual debían pasar, de la manera perfecta que tenían que suceder por orden divino. Así poco a poco fui entendiendo más que los desafíos y pruebas que tenía en la vida, no llegaban solo por llegar, sino que traían un gran propósito detrás con ellos.

Después del accidente me doy cuenta de que mi licencia para ejercer mi profesión de enfermería seria revocada, por que la persona que renovó mi licencia había cometido fraude con el estado. En ese entonces yo era enfermera auxiliar y había desempeñado dicha función por 15 años. Fue muy confuso y frustrante perder mi licencia y dejar de hacer dicha labor que no solo disfrutaba, sino que también se acomodaba a mi tiempo y a mis finanzas. Ese fue otro reto para mí porque como dicen:

"Nos acostumbramos a llevar una constante de avances y éxitos, igualmente creamos una rutina para vivir la vida" y después todo se vuelve ¡un laberinto! Aquí tenía que aprender otra gran lección. Me dolió mucho la injusticia, pero era necesario aceptar que ya no podía desempeñar mi trabajo, fue muy difícil para mí y además me obligó a buscar otro rumbo y constantemente me preguntaba ¿De qué podría trabajar y cómo podría generar nuevos ingresos?

A través de todos los desafíos que he tenido en mi vida, me he dado cuenta de que soy una mujer fuerte, poderosa, valiente y sanadora. Reconociendo que soy alumna, pero también puedo ser maestra para muchas mujeres.

El estar en la vibración de la luz, del perdón, pero sobre todo del amor y la paz, puedo describir las experiencias que me hicieron reconocer el valor que llevo dentro de mí.

Sé que puedo inspirar a otras mujeres y decirles que ¡SI SE PUEDE! y que no están solas, que a pesar de que sientan que el agua casi las ahoga ¡SIEMPRE HABRÁ ÁNGELES! terrenales a tu alrededor. Dios siempre pone a una o varias personas en nuestras vidas para ayudarnos y todo está en perfecto orden divino. Las conexiones que se dan son por algo y si después hay desafíos estos son para mejorar y todos podemos sacar la mejor versión de nosotros.

Me gustaría ofrecer este escrito como una motivación para apoyar a otras mujeres; especialmente en el ámbito de la violencia doméstica y también para mujeres que han estado mal emocionalmente. Poder ser una inspiración para ayudarlas a encontrarse a ellas mismas y reconocer ese gran poder que llevan dentro.

Todas tenemos la capacidad para sanar y es algo que nos corresponde por Derecho y orden Celestial-Divino. Es necesario buscar ayuda y dejarse ayudar. Adentrarte en tu interior es como tirarse un clavado dentro de tu Ser y poder observar tus emociones y tus pensamientos. Permitir observarse y sentirse sin juzgar, ya que esa molestia que sientes o piensas simplemente está allí con un propósito para enseñarte algo.

Ahora puedo dar Gracias a todas mis experiencias vividas, porque me han llevado a aprender y a crecer personalmente. Todavía sigo aprendiendo, educando y encontrando más piezas del rompecabezas de mi vida y así mismo lograr encontrar la mejor versión de mí.

Al final creo que he encontrado uno de mis propósitos de vida, que es empoderar a mujeres a través de las experiencias vividas. Mi historia, mi experiencia y lo que he agregado con el aprendizaje, me ha servido para educar y ser ejemplo para las demás. Así como también brindar mis servicios para ayudar a las personas a llevar su salud a un siguiente nivel. También ofrezco los servicios de cuidado a adultos mayores por medio del condado, es algo que realizo y que también está ligado a lo que me dedicaba hace 15 años.

Para aquellas mujeres que hoy en día viven algún tipo de crisis tomando en cuenta mi experiencia, lo mejor que les puedo recomendar es que ¡pidan ayuda! Soy testigo de que si se puede llegar a sanar y ser liberada de lo que sea que estén pasando. Que si vives bajo algún tipo de abuso o alguna cárcel interna busques la manera de cómo puedes salir adelante. Es necesario persistir, moverse, porque el movimiento es fuerza y vida.

La vida misma es un constante movimiento y nada se queda igual durante un día ¿verdad?! La misma tierra se mueve y no está en el mismo lugar, ¿verdad?!

Mover el cuerpo por medio de ejercicio, nutrir la mente con pensamientos que dan vida y energía, nutrir el espíritu a través de cantos alegres y meditación, cuidar y nutrir el cuerpo que es el vehículo que es prestado para desempeñar nuestras labores en este plano terrenal y si este no está bien entonces no tendremos ánimos para crear o desempeñar las labores personales o de trabajo.

¡No tener miedo a pedir ayuda! No hay nada malo con pedir ayuda o buscar terapia con un profesional. El buscar ayuda es señal de valentía y no de cobardía. ¡EL

QUE BUSCA ENCUENTRA, ASÍ COMO EL QUE PIDE Y CREE SE LE DARÁ!

La asistencia existe, solo es cuestión de buscar los recursos o la ayuda necesaria. Solo quiero que reconozcan que la ayuda que tú buscas ya existe. Es necesario tener la visión y la fe de que Dios no se equivoca y nunca nos dejará sin ser atendidos.

Recuerda que para sanar y romper patrones no sanos es justo y necesario tomar riesgos, tocar puertas, salir de tu área de confort, enfrentarse con cosas internas y externas que no te van a parecer, pero lo más importante es que todo lo que está allí es para enseñarte algo y ayudar a la evolución del ser interno que llevas dentro.

Para volvernos creadoras y reconocer quienes somos, debemos entender y confiar que todo viene de algo maravilloso, de un poder divino y nosotros no somos la excepción, somos "chispas divinas". Como mujeres tenemos el poder de controlar la energía de esta tierra, de este mundo, del planeta donde vivimos y simplemente es conectar con esa fuente que ya está dentro de ti y darte el permiso de poder vivir este milagro de existir que no eres una casualidad o un error el estar existiendo ¡aquí y ahora!

Por último, quiero decirte que me siento dichosa y afortunada de poder estar de este otro lado, de poder apoyar a otras personas y saber que yo me puedo conectar con otras mujeres y poder contribuir con un granito de arena en la vida de cada mujer que conozca.

Para mí es sumamente satisfactorio conectar con otras mujeres y unirnos para…

¡Crear grandes Imperios!

¡Mujer te invito a que levantes tu mano para pedir ayuda!

¡Mujer te invito a que alces tu voz para cantar y para reclamar tus derechos!

¡Mujer te invito a que veas tus ojos y descubras que el universo está dentro de ti!

¡Mujer, eres Divina, eres Diosa todopoderosa e infinita!

¡Mujer así de infinito es lo que te pertenece también!

Con Amor su amiga y hermana,

Kendy García

Helen Anderson

Si lo piensas lo creas, todo lo podemos hacer.

A los 9 años mi Madre incursionó en los negocios al poner un expendio de pan, donde ella estaba, eso que la distinguía como diferente la hizo llegar a una panadería que le quedaba bien lejos de la casa de donde vivía a comprar y en ese instante, se le ocurre decirle al señor oiga ¿no le interesa poner un expendio situado en otra área? el tipo pensó "esta escuincla cagona qué le pasa" sin embargo su poder de palabra y convencimiento logro que él aceptara, así que comenzó su carrera en el mundo de los negocios, ella la instalo a lado de un edificio donde ella vivía, mostrando que era una niña con una madera diferente.

Todo comenzó cuando los abuelos eran expatriados de los Estados Unidos (los padres de mi mamá) en la década de 1930, cuando la gran depresión duró casi 5 años. Mi mamá dijo que mi abuela estaba embarazada de ella, por eso mi mamá nació en Zamora. , Michoacán, México con el nombre María de la Luz

Madrigal Arriaga y ahí es donde comienzan sus peripecias porque en Michoacán muere mi abuelo y mi abuela queda con 6 hijos, mi madre que tiene 3 años y el menor que tiene 1, decide irse al Distrito Federal en busca de una mejor economía, cosa que no fue así, mi abuela termina siendo conserje de un edificio en el que le dan el cuarto de la azotea, donde tiene a sus 6 hijos, ella y todos los que querían venir, a su corta edad mi madre se da cuenta que esta vida no es la que ella quiere y se sumerge en la lectura de todo lo que llega a sus manos, eso la convierte en una mujer con mucha sabiduría que adopto solo de imaginar todo lo que leía, ella estaba en una familia con muchas carencias, solo tenía 2 calzones lavando uno mientras se ponía el otro, esa fue a la larga su obsesión porque de adulto colecciono calzones jajaja!!!.

La vida pasa y sus hermanos se dan cuenta que son ciudadanos americanos y deciden emigrar a su país de origen, dejando atrás a mi madre porque ya estaba casada y es mexicana, la vida pasa, tiene sus primeros 3 hijos, todo va bien pero Ella seguía en la miseria, como la gran cocinera que era, decide vender menudo en la puerta de su casa, y con el dinero que estaba ahorrando compró unos terrenos en Santa Martha Acatitla, un lugar desolado y sin servicios públicos, ella tuvo su cuarta hija, que soy yo y ahí es donde decide separarse.

Con tan sabia decisión, comienza su gran imperio. Comienza su vida y renovación en Santa Martha Acatitla, sigue vendiendo alimentos, sigue generando ingresos con mucha fuerza y tesón, abre su primer negocio, una farmacia llamada San Gabriel donde junto a una comadre y una amiga deciden traer línea telefónica a la colonia, siendo el negocio de cada una los únicos que tenían teléfono en toda la zona, eran mega empresarias, cobraban 10 pesos por una llamada de tres minutos, siendo pionera se adentra en crear un mini-hospital donde empíricamente se hizo comadrona ayudando a traer al mundo a muchos niños de la colonia porque sus madres eran muy pobres y no podían pagar ni ir a las clínicas más cercanas que estaban a más de 40 minutos, esta labor le redituó inmensamente porque al pasar el tiempo en la colonia marginal donde vivíamos, muchos de estos niños eran parte de una famosa banda criminal la cual después pasaron a protegernos para que nunca nos pasara nada en el negocio.

Era una mujer muy amable y con mucho carácter. Ella abrió una tienda de abarrotes donde mi hermano Gabriel era el encargado, conocida como "La Nueva Italia" ella siguió en su labor comercial y abrió una zapatería llamada "Laura Elena" la cual estaba a cargo de mi hermana Elena, ya involucrada en el tema de zapatos, decide que quiere más y abre una fábrica de zapatos con la marca llamada "Angelic", todo parece ir muy bien pero lamentablemente los empleados no tienen el mismo amor y determina que se requiere para levantar dicho negocio y termina hundida en una gran deuda, es aquí donde creemos que se genera el cáncer sin que nadie lo sepa, ella siendo muy altruista lleva al hospital a una amiga que tenía un extraño bulto en el área de la garganta, pero, cual es la sorpresa que la que termina quedándose en el hospital con un diagnóstico de cáncer es ella, le dicen que tiene 2 días para estar hospitalizada, comienza su tratamiento de quimioterapia y radiación para mi tristeza, me había ido a los Estados Unidos para aprender inglés con el ·firme propósito de volver a terminar la universidad, durante el proceso de su tratamiento su mayor impacto fue que la desahucian, dándole un máximo de 6 meses de vida.

En ese inter, su hermano José Luis Madrigal llega desde Estados Unidos para visitarla en México y al verla tan enferma le ofrece su casa para que venga a Estados Unidos ya que allí vivían 3 de sus hijos y su madre, o sea, mi abuela ya estaba enterrada. en Estados Unidos. para ella representó una decisión muy fuerte de tomar primero porque le dijo al doctor Tú no eres Dios no puedes decidir por mi vida y con cautela decidió que si iba a morir quería morir en Estados Unidos porque su madre estaba enterrada aquí, si no hubiera sido por esto, no viviría en los Estados Unidos porque ella decía que era un país de aburridos y segundo porque, como le dijo mi hermana Elena, ella tenía todo para vivir o morir perfectamente en México no le faltaba nada, aunque el amor era mayor como madre y aceptó la oferta de su hermano.

Afortunadamente mi abuela y mi tía Esperanza Madrigal la ayudaron desde muy pequeña a tener su residencia y sus primeros 3 hijos, por lo que ya llegó con papeles.

Vendiendo una propiedad, viene con su hija Elena y sus tres nietos Marcos, Arelia y Abril a buscarles el sueño americano ya que ella estaba a punto de morir y quería dejarlos junto a los demás miembros de la familia, afortunadamente Dios decide que no es el momento de que mi madre muera, con la capacidad de crear repite su imperio en los Estados Unidos.

Al llegar a la casa de su hermano, le ofrecen una habitación donde dormimos ella, mi hermana Elena, sus 3 nietos y yo. A pesar de vivir ya en Estados Unidos, al amparo de mi prima Yolanda Zúñiga por lo cual he estado muy agradecida, sin embargo, de inmediato decido estar al lado de mi madre, allí La nueva historia de renovación comienza cuando el ave fénix tomó un vuelo bastante alto.

Mi madre inicia la búsqueda de nuestra propia casa con dinero en mano pero sin crédito, su hermano se ofrece a apoyarla dándole la firma como garantía para poder conseguir su casa, ella comienza la peripecia de ir con unos agentes inmobiliarios quienes hablaban con los tres mi madre, su hermano y su cuñada Amparo Madrigal, quienes después de la charla desaparecían sin ninguna explicación, Dios que es tan providencial la pone ante la persona que sería el intermediario que la ayudaría a conseguirla, con el propósito de comprar su hermosa casa, esta persona le presenta al señor Gerardo "Yito" Arenado, quien le hace saber algo insólito, la razón por la cual los agentes inmobiliarios desaparecieron es porque su cuñada les dijo "solo síganle la corriente porque está loca e iba saliendo de un manicomio y como era tan agresiva fingían que la iban a ayudar a comprar su casa" por bendición el señor "Yito" le causó tanta molestia que le dijo a mi madre, con su gran acento cubano "Chica vas a comprar tu casa y yo me encargo de eso" y fueron palabras proféticas porque no consiguió una casa sino 4 casas en los Estados Unidos.

Remontándose a antes de tener casa propia, viviendo aún en la casa de su hermano, mi madre desesperada, como mirando al horizonte, se dio cuenta que en la casa de atrás, divisó a dos viejitos tomando el sol, a los cuales, siendo ella muy tenaz y empresaria, ella inmediatamente dobló la cuadra y fue a llamar a su puerta sabiendo perfectamente lo que les iba a decir, como siempre las Dioscidencias, en ese momento llegaba la sobrina que era su albacea y se presentó como asistente para poder cuidar los ancianos sin referencias y sin ningún tipo de certificaciones, ni nada más, que su presencia, consigue el trabajo que ni ellos mismos sabían que buscaban.

Con la astucia que la caracterizaba, mi mamá les dijo que tenía una casa que iba a convertir en un pequeño asilo dando atención personalizada, solo era cuestión de terminar detalles, sin embargo, todos sabíamos que ni siquiera existía una casa. pero su gran Fe la hizo hablar con tanta determinación, así que como sabes, Dios respalda tus palabras cuando las dices con tanta convicción, llego la casa y aunada a ella dos clientes, que en el proceso obtuvimos la licencia con la ayuda de mi hermana Elena y yo ya que mi mamá "no hablaba inglés"

Esto fue en el momento en que mi madre había sido desahuciada en México, ya habían pasado 3 de los 6 meses que supuestamente le quedaban de vida, pero sus preocupaciones no eran por la enfermedad, de hecho, no le hacía caso, su próximo objetivo era un carro que le pidieron para tener en orden el negocio que empezaba era obligatorio, tener movilidad, regresamos a las Dioscidencias, Don Manuelito por cosas no del destino, sino de Dios, escuchó la necesidad y el decide comprar el carro, el cual puso a nombre de mi mamá con esa gran confianza que le dio ser un ángel terrenal en este proceso maravilloso, a lo que mi mamá respondió pagándole mes a mes el dinero de ese carro y por supuesto separando los negocios porque él pagaba mes a mes su estadía correspondiente a la atención que se le daba en el asilo... así se solucionó el problema del carro.

Recuerdo que mi mamá dijo que lo único que tengo que aprender en este momento es cómo escribir números en inglés "para hacer todos los cheques que firmaré" y así comenzó su negocio que duró 25 años más, estoy hablando, de una señora que a los 50 años la habían desahuciado y aun así este negocio duró 25 años más, mi madre murió hasta los 75 años.

Con ese negocio mi madre construyó otro imperio aquí en los Estados Unidos, nunca se detuvo, siempre quiso más y dio en abundancia a todos y cada uno de sus hijos, estuvieron con ese negocio como 8 o 9 años y la casa de al lado se pone en venta por lo que mi mamá decidió comprarla y con la ayuda de mi hermana y la mía conseguimos la licencia para adultos con problemas mentales, así que de un lado está el hogar de ancianos y del otro el de adultos con problemas mentales, en el que mi hermano Sergio, mi hermano Gabriel, mis sobrinos Marcos, Andrés y Cristóbal tuvieron el gusto de trabajar en él.

En ese inter yo tenía 20 años y decidí montar mi propio negocio habiendo ahorrado solo 10.000 dólares, mi madre me apoya y pone su casa como garantía para que yo pueda montar mi agencia de viajes, a los 21 ya era una mujer de negocios porque mi madre creyó en mí y todos le decían que no lo hiciera porque podía perder su casa pero, ella tenía confianza en mí, ella tenía fe y después de un año y medio ya le había pagado lo que me había prestado para ese negocio ella fue una mujer increíble que siempre cuidó de su familia aún a pesar de mantenerse sola ya que desde que se separó entendió que los negocios nunca se levantarían de la cama diciendo que ya no la querían era una mujer fuerte, decidida y autosuficiente, en que de todas las inter de todos sus negocios, a la vuelta de la casa se pone en venta otra casa 12 años después de que ella llego a estados unidos por lo que decide comprar su tercera casa.

Compró esa casa y quería montar otro negocio, sin embargo, ya era un poco más difícil porque mi hermana ya había conocido a una pareja que ya había construido su imperio que al igual que a mí, mi madre la ayudó con su primer negocio y ella con ese primero. compro otro y otro, prácticamente había hecho su vida y yo ya tenía mi negocio porque también ya estaba ocupada, entonces fue muy difícil abrir la tercera casa como negocio, actualmente es donde vive mi hermana Elena porque ella termina comprándola.

Fueron años muy bendecidos donde pasaron muchos retos y entre clientes llegaron, clientes se fueron, trabajadores llegaron trabajadores se fueron, dichas y corajes con la familia pero a comparación de todos sus hermanos ella hizo lo que ninguno hizo, y logró esas tres propiedades y eso es todo antes de morir como tres o cuatro años antes compro otra propiedad en Anaheim dejándola totalmente pagada, tenía mucha sabiduría en el manejo del dinero, era una mujer muy amable, muy caritativa, muy enojada, muy mandona, muy exigente, ella tenía una dualidad total... con esto les digo que tenía que tener mucho carácter para lograr todo lo que hacía, era capaz de resolver problemas, nosotros como hijos, éramos rebeldes aun con errores y divorcios, y nos ayudaba a todos a levantarnos cada tiempo que caímos.

Yo describiría a mi madre como una mujer de luz con una inteligencia innata ella solo llegó al tercer grado de la escuela no fue a la escuela tenía una capacidad de diálogo, tenía un discernimiento increíble tenía demasiado, sabía la palabra correcta en el momento indicado, ella dijo para poder enojarse hay que saber quién está agarrando el mazo de la sartén, si, o sea, ella era muy enojona, era de esas que en México llegó a pegarle a la policía, pero no en estados unidos porque sabía que aquí la podían meter en la cárcel, era muy inteligente, no, era engreída, sabia moderar su carácter, aunque era muy fuerte tenía un carácter exageradamente noble, tenía una gran capacidad de discernimiento oraba todos los días, protegía continuamente a su familia con sus oraciones e intersección en pocas palabras era una mujer con mucho amor incondicional a su familia.

Si tú, lectora, en este momento piensas que tu vida se acabó por lo que estás pasando, te cuento esta historia de una mujer que, después de que le dijeran que le quedaban seis meses de vida, logró formar otro imperio en un lugar lejano a su país, sin el idioma propio y con muchas más imposibilidades, sin embargo, con su ímpetu y su fuerza, logró todo lo que se propuso sola, sin un hombre a su lado, y crio 4 hijos, la mayoría de los cuales son negociantes y empresarios.

La mejor herencia que me dio mi madre es saber mover negocios, una de las principales estrategias que heredé de ella fue esa: "Su Astucia". Sabía cuándo hablar, cuando callar, algo que aún estoy tratando de aprender, siempre decía que no era una más del montón, su característica principal era la perseverancia, leía mucho, decía que era la base de aprendizaje, leía todos los libros que le ponían delante desde revistas hasta enciclopedias, trabajaba con tesón y se esforzaba cada día por ser mejor.

Recuerdo su frase célebre "Para mí, él no puedo, no existe" mi mamá decía ni el cielo es el límite, ella no tenía límites mientras estemos agarrados de la mano de Dios todo lo podemos hacer y decía "sí a mí me venden la torre Eiffel en pagos... la compro" ella tenía una clarividencia nata, un don especifico por el que la iglesia la condenaba constantemente, nunca estudio nada holístico ni de cartomancia, sin embargo, ella lo ejecutaba perfectamente no dejo que las dudas de su entorno generaran interferencia en su ser, realmente tuve una madre espectacular, no tengo palabras para describir su majestuosidad de género en toda su vida.

Si mi mamá viviera hoy, a ti, lectora, te recomendaría "cree en ti" así como Dios cree en ti, es que tú lo creas, pueden parecer palabras insignificantes y trilladas, pero en realidad tienen mucha fuerza... así que aplica estas bases en tu vida.

La admiré y la sigo admirando y quiero contarle al mundo toda su historia, aunque esto es un pequeño fragmento de un libro que viene después, ella se sacrificó, pasó por su propia enfermedad, que en vez de 6 meses fueron 25 más años de experiencias y alegrías. , donde la divina presencia cubrió siempre a esta familia hasta su lecho de muerte donde ella pudo experimentarla dulcemente, muriendo el 12 de diciembre de la mano de mi hermana y mía donde creemos que la Virgen de Guadalupe vino por ella.

Sé que todas sus experiencias ayudarán a muchas mujeres a valorarse, a darse cuenta de sus propias necesidades y a empoderarse, recuerda que nada es imposible. ¡Puedes hacerlo! Solo haz que tu mente, espíritu y corazón sean uno, nada está de acuerdo si no estás en congruencia. Y por supuesto mi madre también cometió muchos errores, pero en mi caso prefiero recordar lo bueno y aprender de lo malo. Así mismo, quiero darle gracias a Dios por la madre que me dio la oportunidad de tener.

Laura Anderson

Lily Tejeda

*Cada situación negativa, no importa cuál sea,
siempre habrá un regalo que te va a favorecer,
simplemente hay que buscarlo.*

Por cada situación negativa, no importa cuál sea, siempre habrá un regalo que te va a favorecer, simplemente hay que buscarlo.

Creo que nunca he dejado de ser la persona que era antes, he evolucionado sin lugar a duda, pero con mi esencia.

Siempre he sido una persona muy optimista, desde que tengo uso de razón (aproximadamente desde los 6 años) en mis memorias cualquier carencia o dificultad que haya vivido, las asocio principalmente con recuerdos felices. Obviamente hay momentos de dificultad, momentos de llanto y de sufrimiento, pero también hay momentos para soñar.

Como muchas personas de México y de Latinoamérica yo vengo de una familia que tenía escasez, pero eso no me impedía ser y disfrutar de lo poco que tenía y eso me hacía feliz.

Recuerdo un sueño de cuando era niña, donde jugaba con mis primas y vecinas a la tiendita, me veía como una niña emprendedora y eso me gustaba muchísimo, en su momento lo tomaba como hecho y despertaba con satisfacción, con ese gozo de recordar que había esas partes felices y que no todo era sufrimiento o escasez, me daban ánimo y sentía que todo era posible.

He despertado esos sueños que están en el inconsciente a partir de cosas que he vivido y comprendo que mis recuerdos se han enfocado a todo lo positivo o productivo.

Cuando escucho testimonios de otras personas en dónde se quejan de que trabajaron desde pequeños y lloran porque, de alguna manera eso les afecta en su vida de adultos, me hacen reflexionar y entonces me doy cuenta de que para mí eso era normal y lo disfrutaba en su momento.

Disfrutaba ir a sembrar, a regar, a ayudar a mi abuelo, lavar la ropa de mi mamá, etc. Yo me encargaba de muchas cosas del hogar desde antes de cumplir 9 años y para mí eso era lo normal, no lo recuerdo como una carga, ni lo recuerdo como si hubiera sido parte de un sufrimiento.

Ahora que estoy adulta lo sigo viendo de la misma manera, era una niña que trabajaba, criaba mis hermanos, atendía una casa y no lo tomaba como algo que me lastimara, de hecho, creo que eso me hizo fuerte y me siento agradecida porque es parte fundamental de lo que soy ahora.

Definitivamente creo que a pesar de las carencias que viví en la niñez, fui una niña muy consentida, querida y especial. Siempre me sentí así y no porque me lo expresaran, no me decían que eran inteligente o bonita, sin embargo, yo creía que sí lo era.

Por el contrario, durante mi adolescencia me decía que era "La malquerida", pero eso sí me lo expresaban las personas de mi alrededor, hasta mi propia familia, sentí desprecios y maltratos, pero dentro de eso yo rescataba que me sentía querida y amada por Dios. Conocí a Dios desde muy chiquita y decidí entender que yo era especial que él siempre me quería y que siempre iba a estar conmigo y eso es lo que me hizo poder superar esa falta de cariño y empatía que pasé en la adolescencia, fue lo que me rescató de no caer en algo peor.

La crisis principal llegó cuando era preadolescente.

Recuerdo estar trabajando, ayudando a mi madre con mis hermanos y entonces, en un instante llego el momento en el que sentí mucha carga, me decía a mí misma "tengo que salir de aquí", yo ya me sentía ahogada, como lo dije antes, no era tanto que me sintiera sacrificada, creía que esa era mi obligación como hija o hermana, pero realmente quería hacer otras cosas.

Lamentablemente a la fecha, a pesar de que vivimos en el siglo XXI seguimos viendo un retraso en la sociedad, vemos tantas creencias limitantes, como violencia de género y machismo y yo quería apartarme de eso, quería hacer otras cosas y pensaba que al salir de ahí iba poder realizar mis sueños y fue cuando entonces a mis 14 años viajé a Acapulco qué es la ciudad más cercana a mi pueblo. Estando en ese nuevo lugar fue cuando vi que podía hacer cosas diferentes, pero también sentía esa culpa de haber abandonado a mis hermanos.

Esta sensación crecía, ya que cuando tenía 7 u 8 años fui abusada sexualmente por un familiar, no logro recordar por cuanto tiempo, solo sé que, a la edad de 9 años, cuando mi madre me manda a dormir a la casa de mi abuelita con el pretexto de que mi tía y yo éramos de la misma edad y asistíamos a la misma escuela juntas. Y así fue, nos levantábamos temprano y me llevaban con ella, hacíamos las actividades de la escuela y después le ayudaba a mi abuelito en las actividades que él tenía en el campo.

Obviamente en ese período de abuso yo vivía mi conflicto interno porque esta persona me tenía amenazada, me decía cosas que me daban miedo siendo una niña Él me decía cosas como: - "le voy a decir a tu mamá que eres mala", "voy a matar a tus papás", "te voy a matar a ti", "voy a matar a tus hermanos"- etc. Era muy difícil para mí, aunque yo no tengo idea dónde sacaba esa fuerza para seguir siendo niña, para seguir ayudando a mi madre y a mi abuelo, para seguir yendo a la escuela.

Yo era una niña excepcional, en la escuela tenía buenas notas, me llevaban a concursos, tenía muchas actividades, mi mamá me hacía mis vestidos para la danza folclórica donde participaba, declamaba poesía y en todo lo que pudiera y estuviera en equilibrio con la escuela, aparte, todo hacía lo que tenía que hacer en la casa, mantenía mi mente y mi tiempo ocupados, sin embargo, estar viviendo aquel abuso fue terrible.

Mi mamá me llevaba de noche a casa del doctor porque me daba fiebre intensa y yo me sentía mal, pero el doctor decía "no tiene nada"; por las noches me hacía pipí en la cama, todas estas reacciones que obviamente tenía, eran consecuencia de lo que estaba viviendo, pero ellos como adultos no sabían responder, simplemente se conformaban con llevarme al doctor y con decir "no tiene nada", me daban fuertes temperaturas de noche y ellos nunca identificaron lo que me estaba pasando. Obvio entiendo que la ignorancia de las personas en el tema de secuelas de abusos pues no ayuda en mucho

Todo paró repentinamente cuando por problemas familiares mataron al que fue mi abusador. Yo tenía 9 años, fue algo que por mucho tiempo sufrí y lo calle, eso fue sin duda un alivio para mí, aunque nunca deseé la muerte de alguien.

Otra vivencia relacionada a esto fue cuando tenía unos 15 años, una vecinita que tenía 9 compartió conmigo que su tío la violaba, ella no me lo contó con esas palabras, pero si me dijo que él le decía que se iba a casar con ella cuando creciera, le endulzaba el oído y luego le hacía "cosas", lo más triste es que esta niña, contaba aquel echo como si fuera cualquier cosa sin importancia. Me dice que llega a vivir a casa de sus tíos porque en su pueblo su hermano abusaba de ella en el campo y llega acá y su tío hace lo mismo.

Con esto, me empezó a entrar en la cabeza que esas cosas del abuso infantil son más comunes de lo que las personas se puedan imaginar.

No solamente sucede con las niñas también pasa con los niños, pero en este caso yo por la historia que había escuchado me sentía identificada, mi corazón se ha llenado de tanto miedo de ver como la niñez es ultrajada, cómo pasan estas cosas sin que los adultos se den cuenta porque en realidad los adultos no prestan atención a estos signos de violencia ya que por lo general el abuso inicia con las personas a las que más confianza le tienes, incluso a veces aunque no confíes en las personas, no te pasa por la mente que le van a hacer eso a tus niños.

En México como en muchos lugares de Latinoamérica existen casos de familias con muchas carencias, viven más de dos familias numerosas en casas muy pequeñas para compartir gastos y poder sobrevivir.

Cuando yo era niña vivíamos con tres o cuatro familias juntas en una casa, entonces igual a tus papás no les pasa por la mente que sus familiares le van a hacer daño a sus hijos, como a ti y a mí no nos puede pasar por la mente que alguien le va a hacer daño a nuestros hijos, aunque ahora yo he elegido ser muy precavida y desconfiada con todo el mundo hasta de la persona que se vea más confiable, pero siento esto en el corazón y digo tenemos que proteger a los niños.

Empiezo por decirle a mis familiares que cuiden más a los niños.

Me acuerdo de que un día desperté y veo en las redes sociales el día mundial de la campaña de protección contra el abuso a los niños y otras cosas relacionadas al tema y con eso mi corazón salta y dice es cierto cuánto abuso hay contra ellos, eso me dio los ánimos para empezar a decirle a mis familiares que cuiden a sus niños, qué no confíen en absolutamente nadie.

Yo entiendo que en el pueblo se les hace fácil dejan a los niños solos pues ahí están sus tíos, tías, y todos los parientes, pero incluso con ellos suceden los abusos y empiezo a contarles un poco de mi historia.

Un día estaba platicando con mi mamá le estaba expresando mi sentir y le pregunto: -¿Tú sabes que me pasó esto?, ¿tú sabes que fue una violación?- a lo que mi mamá me responde; -" sí, yo ya sabía y tu abuelita también"- y yo dije ¡wow! eso me hace preguntarme ¿cómo que mi mamá sabía y mi abuelita también? yo como madre me pongo en los zapatos y me digo ¡cómo es que sabes y no reaccionaste! yo no sé cómo sabiendo lo que esa persona me hacía, me obligaba a volver ahí, se supone que como madre debe hacer lo posible por brindarle una protección alrededor de tu hija. Para mí fue muy difícil encontrarme con esa respuesta… fue difícil realmente.

El año pasado hice un curso y alguien estaba contando su testimonio que en el pueblo de donde era, alguien la abuso, todo el pueblo se enteró y la acusaron a ella.

Comenta qué la gente decía "ahí va la niña abusada" en vez de que se sintieran empatía por ella la señalaron, se decía a sí misma que era la despreciada, la manchada, la sucia.

No entendía por qué si no había sido su culpa lo seguía sufriendo, mientras vivía en ese pueblo todos los niños le hacían burla supongo que los papás les contaron.

Y cuando era adolescente y empezó a tener novios, los compañeros les decían lo que había pasado con ella y éstos la dejaban, no podía ser feliz hasta que se salió de ese pueblo.

Ella me cuenta que sufrió bastante por eso, al punto que jamás ha regresado a su pueblo porque le viene a la mente todo el abuso y encima las acusaciones que sufrió sin ser culpable.

En el momento que esa persona me ha contado eso, yo reflexiono y digo "no sé porque pasan las cosas, pero lo que sí puedo saber, y ahora entiendo es que el que mi madre y abuela no hicieran nada fue una manera de protegerme", escuchando el testimonio de esta persona, que por cierto es fatal y supongo que pasó una pesadilla, por el simple hecho que todo mundo se entere y en vez de sentirse apoyada o protegida recibió maltratos, fue entonces que entendí que hasta cierto punto me protegieron.

Hace muchos años no sé si yo hubiera reaccionado como mi madre, pero lo que sí puedo decir es que todo está conectado y todo pasa por alguna razón, el mantenerme positiva siempre aprendiendo cosas nuevas buscando siempre ayudar de alguna forma u otra eso me ayudó a mí a ir superando mis obstáculos, tener fuerza de voluntad, abrir mi corazón, a dar testimonio y sobre todo hablarlo.

Tuve miedo muchas veces, como miedo al compartir mi testimonio porque no sabes cómo va a reaccionar la gente, qué respuesta les vas a dar cuando te hagan preguntas. Yo me acuerdo de que un día platicando con mi hermana dijo: "es que una, cuando está chiquita se inventa muchas cosas de lo que escucha a otra le pasaron, a veces uno se inventa fantasías que nunca pasaron", pero nadie desearía tener esa experiencia.

En este caso, no creían que me hubiera pasado a mí, porque ellos no se pueden imaginar que una niña que siempre fue exitosa, feliz, iba a la escuela, la gente siempre la solicitaba a su madre porque bailaba bonito, decía poesías y muchas otras cosas, estuviera viviendo un abuso sexual.

Mi madre siempre estuvo trabajando yo era la que me encargaba, pero ella siempre recibía esos halagos, ella no me veía, ella nunca estuvo en una de mis presentaciones todo le llegaba a ella por los comentarios, pero yo sabía que ella me apoyaba porque me hacía los trajes y siempre estaba pendiente de las firmas qué requería para participar.

Ella estuvo ahí a su modo yo nunca me quejé porque sabía que estaba trabajando, no lloré porque mi mamá no estuvo en los momentos importantes, porque yo sabía que mi mamá trabaja por y para nosotros y ella tenía una responsabilidad, eso siempre lo tuve claro y cuando le pregunto: ¿no sentías curiosidad o dudas al dejarme sola? mi mamá siempre me dice "yo sabía que tú siempre eras y sigues siendo capaz".

Hay una anécdota que mi mamá siempre cuenta. Dice que cuando no teníamos dinero y lo único que teníamos para comer eran solo huevos y tortillas no había aceite, no había nada me dijo "que los niños no se coman los huevos duros" y que yo le dije "mamá tú no te preocupes, los voy a freír con agua y que yo puse el sartén y le eché agua y estrellé los huevos en el agua, por eso decía que yo era capaz.

Siempre pone esta anécdota de ejemplo porque a mí no se me ha quedado nada siempre sacaba una idea de cómo resolver las cosas, mi mamá tenía mucha confianza en mí, ella sabía que si no estaba yo me iba a encargar de la casa, pero ese peso me llegó en la adolescencia, me dio miedo, me repetía que yo no podía encargarme de todo, yo quiero hacer cosas diferentes me fui y hasta el día de hoy todavía siento en mi corazón que abandoné a mis hermanos el que yo estuviera siempre ahí al pendiente al frente y después simplemente no, sentí que los abandoné, como que le corrí esa responsabilidad que claro, en realidad no era mía, pero como yo la había tenido desde chiquita era parte de mi vida.

Ellos eran mis niños, prácticamente los tomaba como mi responsabilidad como mi carga y en su momento lo disfrutaba, no reclamé, pero llegó el tiempo y aunque me dio miedo quería hacer cosas diferentes como salir, querer estudiar y ser mejor cada día, yo no quería el mismo patrón de quedarme solo haciendo labores domésticas.

Recuerdo que mi mamá me decía "aquí estudia, aunque sea para maestro", pero supongo que pensaba que ser maestro es fácil, y yo decía "no quiero ser maestra, qué responsabilidad" no me veía siendo docente, sin embargo yo quería conocer, quería salir de ahí, quería estudiar comunicaciones, quería estar en diferentes partes del mundo, quería conocer tener esas ganas que te van cambiando cuando experimentas lo que tanto anhelabas, tuve la oportunidad de ser comunicadora yo creo que Dios en su infinita misericordia me concedió lo que tanto anhelaba para decirme "sigue soñando, pero que no quede en tu mente el qué habría pasado si lo hubieras logrado, aquí te lo pongo para que veas tu propósito". Muchas personas se quedan en el pasado añorando el "hubiera", si yo hubiera hecho, si hubiera sido, si hubiera logrado y no dan ese paso en el presente para ir al futuro, no viven en el presente y solo están pensando en el futuro.

Afortunadamente yo tuve la oportunidad de desempeñarme como comunicadora, estar reportando para periódicos, radio y televisión, hacer entrevistas, eventos, etc. y a pesar de que lo disfrute, sé que no es mi propósito, no es lo que yo quería pero doy gracias a Dios que me dejó vivir esa etapa, no me quedé con las ganas y es muy satisfactorio porque, como te dije al inicio yo siempre me he considerado una consentida, llámale que me lo trajo el universo, para mí lo trajo Dios, por qué siempre le he echado ganas a los proyectos que he querido entonces se me han manifestado de una manera maravillosa

Lo que ofrezco es una sanación interior que esté conectada no solamente desde lo que expliqué, sino que se involucre tu mente con tu salud física, para poder estar entera y tomar ese poder e ir hacia adelante, yo que ni en mis sueños más remotos hubiera pensado que me atrevería a contar este testimonio por muchas razones porque cuando la gente te escucha empieza hacer un juicio.

Yo recuerdo que una persona a la que quiero tanto le conté de a una niña que fue abusada y no me refería a mí, sino que me refería a otra niña y me dijo "pero cómo pudo ser abusada sí ya tiene marido, tuvo hijos" y cuando la escuché traté de meterme en esa frase y pensar que dice el patrón de pensamiento que muchas personas tienen, como el de decir como una persona que fue abusada va a tener marido va a tener hijos, va a tener vida, eso es imposible porque ven las novelas y en ellas se refleja eso, pero no saben los conflictos internos que si te afectan esos hijos, esposo, su familia ese entorno y que ese pensamiento tan limitado les produce esas ideas, esas palabras tan dolorosas.

A eso es a lo que me refiero, enfrentarte con esos pensamientos y con esas palabras a la hora que tú das un testimonio de cualquier vivencia, voy a generalizar, ahora estamos hablando de un abuso infantil, enfrentarte a eso no es fácil porque, número uno, puede truncar tus avances en sanación, número dos, al enfrentarte a eso y externarlo, no sabes cómo lo van a tomar las personas cercanas a tu entorno y número tres, tienes que enfrentarte a la persona que te hizo eso. Enfrentarte al abusador cómo en este caso, genera miedo, piensas "lo sacó, no lo sacó, a que me voy a enfrentar".

Porque tú sabes que llegas a un punto en que dices "no me interesa lo que piense la gente, quiero identificarme con las personas que les pasó lo mismo" sabes que se puede tener una vida buena se puede salir de eso y se puede vivir en plenitud, eso es lo que me interesa, que si una persona se identifica conmigo yo pueda enseñarles que va a valer la pena este escrito.

En mi experiencia, puedo decirle a las que han pasado por cualquier conflicto que primeramente debe aceptar. Acepta que pasó, no porque no lo digas no pasó o no porque de repente se te olvidó no pasó y no porque las personas digan que no pasó no pasó, es aceptar, acepta.

En segundo lugar, reconoce. Reconoce que no fue tu culpa tú no lo pediste, tú no lo provocaste no fue tu culpa… ¡NO fue tu culpa! a ningún niño o persona que haya sido abusada le gusta eso. No te culpes.

En tercer lugar, anhela. Anhelar algo mejor ese es el objetivo. No puedes estar en el pasado, cuando ya tienes familia, cuando tienes esposo y esos conflictos internos te van a estar afectando en el proceso de aceptación de todo tu entorno porque repites todo el conflicto que viviste y todas las culpas vuelven y no te dejan ser tú, pero cuando ya tienes aceptación, cuando tú ya tienes esa salvación o despojo, es como tu propio perdón.

Es como aceptarte a ti mismo "me perdonó y reconozco que yo merezco algo mejor" y es ahí en dónde te tienes que dar ese regalo que es lo que tú mereces qué es lo que tú quieres, retoma tu amor propio eso es retomar tu poder

Se merecen sanar y ese es el objetivo.

Hay un sin fin de puntos, pero yo encajaría este primer encuentro de esta forma sencilla, porque no te imaginas lo que es pasar por esto. Estoy contando un abuso sexual infantil que, lamentablemente es muy común que suceda y por diversas razones, muchas personas que han vivido este suceso se lo llevan a la tumba.

Yo no me puedo imaginar vivir con ese dolor, con esa sensación de que nadie te puede escuchar, de que nadie te pueda ayudar. Vuelvo y te repito a mí me ayudó mucho el ser optimista, siempre es mejor ver un regalo en cada situación, buena o mala que vivamos.

Eso me ayudó bastante no quiere decir que no haya diferentes maneras de accionar ante estas situaciones o sin lugar a duda yo no puedo decirles a las personas que es fácil, les cuento mi historia, pero cada uno tenemos nuestro propio proceso, tiempo de sanación y de superación.

Podemos encontrar el camino a la sanación de diferentes maneras, ya sea con terapia psicológica, encontrándote con el mundo espiritual, etc. La forma en la que yo lo pude superarme fue encontrándome a mí misma, aceptarme y amarme, levanté mis pedazos permitiéndome ser amada, reconociendo qué hay regalos en la vida que te los mereces y tienes que tomarlo.

Creo que en un momento de la vida fui prófuga de mis raíces no porque no reconocía de dónde venía, eso siempre lo he sabido y estoy orgullosa de ello, pero quería evitar esa parte. Yo sabía que, al contarlo, al tener ese capítulo de donde yo vengo ese conflicto interior estaba ahí, era algo que me decía "espérate, no hay Liliana sin esa parte de la historia". No sé si me de entender, a lo que quiero llegar es a que comprendas que eso que te paso no es más que una parte de tu historia, agregar incluso esas partes tan dolorosas nos hacen ser únicas.

Sé que me quedo corta con los detalles, pero me gustaría dejarlos para el próximo capítulo que quiero hacer basándome en lo que me pasó. Pienso que si no doy detalles no ayudó a las que les ha pasado, mi intención sería que identifiquen a su alrededor a quién pudiera estar pasando por algo como esto.

Es por ello que es tan importante conocer y aprender de las experiencias ajenas, las personas no saben cómo evitarlo. En mi mente estaba hacer un libro y cada capítulo será una faceta de mi vida que haya sido importante y que esto sirva no solo para los que ya les pasó, sino también para las que no les ha pasado y para las que lo quieran evitar porque en mi afán de que no me pasara ya me pasó con una niña cerca de mí. Te deja ese sabor de decir lo que pudo haber sido.

Definitivamente creo que falta educación para proteger a los niños. Por más que tengas muchos puntos cubiertos no es suficiente.

Yo les puedo decir a las mujeres que el ser madre es una responsabilidad muy grande y que al ser mamá de tiempo completo tienes que saber qué es lo que quieres, cuántos hijos puedes tener, para poderles brindar un cuidado de calidad.

En nuestras comunidades de Latinoamérica, antes las mujeres tenían 10 hijos o más, y las mujeres de hoy en día se comparan sintiéndose menos por no poder criar a 2 hijos, entiendo lo que la gente dice, pero también entiendo que las mamás de antes no se hacían cargo de sus niños, en muchas ocasiones el mayor iba criando a los menores, existían conflictos, maltratos y todas las penumbras que genera el tener padres ausentes.

En este punto es importante educar a la gente, qué es lo que quieres hacer, en qué quieres desempeñarte, a qué te quieres dedicar.

Entiendo que ahora la mujer empoderada está tomado el control sobre su tiempo y sobre su vida, pero no nos engañemos, hay que reflexionar hasta qué punto tu empoderamiento te lleva al éxito, de qué faceta, cuáles son tus prioridades y qué es lo que va a valer la pena. Se ha estereotipado a la mujer con el "don maravilloso de hacer muchas cosas al mismo tiempo" pero no es real, si bien es cierto que podemos desarrollar temas diversos, es mentira que podemos hacer todas las cosas al mismo tiempo.

Podemos hacer las cosas de manera diferentes sí, pero bien sabemos que ser madre de tiempo completo no es fácil, no es imposible, pero depende donde te desenvuelvas, el punto es que las personas tenemos que analizar y reflexionar porque si queremos mujeres empoderadas tenemos que estar verdaderamente empoderadas y no pensar "muy empoderada, pero por el otro lado tengo conflicto con los hijos o con mi esposo".

Mantener ese balance no es fácil, igual no es imposible, pero debemos dejar de engañarnos empoderando de esa forma mitológica donde las mujeres pueden solas con todo es irreal.

Lily Tejeda

Liliana Sherman Contreras

Mi versión del "Sueño Americano". No dejes que la oportunidad se te pase ¡toma el riesgo!

Llevo 23 años viviendo en Estados Unidos, nacida en Colombia. Siendo una profesional colombiana administradora de hoteles, graduada no encontré trabajo en mi país y se me presentó la oportunidad de vivir en Estados Unidos, la verdad, mi idea de escribir este relato es para dar testimonio del sueño americano según mi experiencia.

Me vine hace 23 años con un niño de 2 años y medio, fruto de una relación de un noviazgo que tenía, pero que al final no se logró concretar una unión, así que con ayuda de mi hermano decidí venirme a Estados Unidos a vivir en Nueva York con la idea de darle un mejor futuro a mi hijo. En Colombia no hay posibilidades de salir adelante a menos que tengas un puesto muy grande y yo no lo tenía.

Vivía con mis papás bajo su influencia y no era independiente, quería convertirme en una mujer capaz de hacerse responsable de sus propias cosas, así que siendo madre soltera decidí emigrar, por un tiempo hasta que mi hijo tuvo 6 o 7 años cuando llegó lo que yo le llamo cumplir mi sueño americano.

Como madre soltera estando sin papeles que avalaran mi residencia en este país, empiezo a ver la necesidad de legalizar mi situación migratoria con la idea de tener más oportunidades. Estados Unidos me brindó aprender un idioma diferente, yo pensaba que, si tenía que regresarme a Colombia por lo menos aprendí el inglés, en Colombia lo practiqué un poco en mi carrera de hotelería y turismo, pero yo pensaba que no era tan necesario hablar inglés.

Actualmente me considero una persona bilingüe, me puedo expresar con fluidez en ambos idiomas (español e inglés) y para mí es un logro aun siendo madre soltera, pero el estar legal en este país era importante. Al principio pensé solucionar mi legalización pagándole a alguien para que me diera papeles, pero en mi mente esa no era lo ideal, yo quería tener una pareja y la verdad en mi "sueño americano" pensaba que, si en cinco años de estar ilegal no cambiaba el estatus, me regresaría a mi país y en ese tiempo yo ya estaba preparándome para pagar lo que tenía que pagar y devolverme a Colombia.

Entonces se me da la oportunidad de trabajar en una oficina dental. En esa oficina duré un año en el que aprendí algunas cosas de odontología y se me abrió la posibilidad de reforzar mis conocimientos sobre el idioma, lo cual me permitió hablarlo mucho mejor.

Por cuestiones del destino el odontólogo se enamoró de mí. Cuando él me confiesa su amor no me quedó más remedio que sentarme y hablarle con la verdad, le conté mi situación migratoria (yo le había mentido porque le di papeles falsos para poder trabajar con él) pero lejos de molestarse, él me demostró su amor con una pregunta ¿y para ser legal que necesitas? A lo que yo respondí "casarme con alguien americano" ... entonces él me dijo ¡escojamos fecha!

La verdad reconozco esta oportunidad como el momento en el que se me "abrió la puerta" para un mejor futuro en este país, porque yo ya estaba dispuesta devolverme, a echarme para atrás, a decir no pude no lo logré, soy legal en mi país de Colombia ¿por qué tengo que quedarme aquí de ilegal y vivir de lo poco que me entraba? eso me hacía tener el corazón roto, me hacía mucha falta mi familia y gracias a Dios él me brindó la oportunidad. Inclusive mi hermano y su familia que vivían en Nueva York, no creían en este matrimonio, no se daba cuenta de que había un futuro ahí, pensaban que él me iba a tener escondida, porque él es americano, odontólogo y yo era una madre soltera, latina. Lastimosamente mi propia familia tenía una imagen negativa de mí, pero a ellos les demostré que yo podía ser feliz. Lo único que me sentía segura de lo que estaba haciendo era el apoyo incondicional de mis padres, que, aunque estuvieran lejos, siempre me han apoyado en mis decisiones.

Obtuve los papeles sin necesidad de pagarle a nadie y lo logré por amor. Actualmente tenemos 17 años de casados y a mí se me abrieron las oportunidades totalmente, pero lo que quiero compartir en este capítulo es mi visión de estar aquí.

Vivir en un país qué no es el de nosotros y ser inmigrantes hace que dejemos muchas cosas atrás. Yo extraño bastante a mi familia y muchas veces quisiera estar allá con ellos, pero siendo realistas, el estar aquí mejoró mis expectativas de vida.

Todo tiene un sacrificio y una recompensa, por ejemplo, puedo extrañar muchas cosas de mi lugar natal, pero acá tengo mayor posibilidad de brindar un mejor futuro a mi hijo. El vivir en un país donde las posibilidades de salir adelante son muchas, aparte de ayudarte a ti, te da herramientas para que puedas ayudar a la familia que se quedó en tu país. Yo he podido ayudar a mi mamá, mi papá, a mis hermanas, mis sobrinos, mis tías, he podido ayudarlos, como dicen "con un granito de arena", con lo que sea.

Si no hubiera sido por casarme con Mike "mi sueño americano", mi situación fuera muy distinta, él me ayudó a mejorar y pesar de que él tiene mucho dinero lo más valioso para mi es que se interesó y se ocupó de arreglar las cosas para que estuviera legal acá, sin embargo, sigo con mi emprendimiento.

● ● ●

Cuando uno viene a este país con la idea de quedarse a vivir aquí, debe tener muy en claro que no es para olvidarse de su lugar natal ni sus costumbres, sino para conocer otro contexto. Es muy importante integrarse a la comunidad, aprender el idioma y la cultura actual del lugar. No es nada fácil, de hecho, hubo un momento en que pensé que no estaba funcionando, que no valía la pena estar aquí, a pesar de que dentro de mí creía que lo que había dejado en Colombia había sido un fracaso, no podía avanzar, no había las posibilidades económicas para poder decir "me voy a independizar" entonces en ese momento me di cuenta de que necesitaba algo diferente, necesitaba buscar la oportunidad de salir de donde estaba y lo logré.

Ahora que estoy en este país me doy cuenta de que, si no era legal y si no aprendía el idioma, así trabajará de lo que fuera no lograría ser independiente.

Entonces empecé a trabajar limpiando habitaciones en moteles, también trabajé en una fábrica donde se dedicaban a elaborar vitaminas, en este lugar, al finalizar la jornada llegaba la casa pintada de amarillo del polvo que generaban algunas sustancias, me tocó trabajar en la mañana y salía a las 6 de la mañana dejando a mi hijo y no lo volvía a ver hasta las 11 de la noche. Lo que más lamenté fue que mi hijo me comenzó a decir el nombre de quién lo cuidaba, eso me hizo reflexionar y preguntarme ¿esto que estoy haciendo valdrá la pena?

Como ya lo mencioné se me presentó la oportunidad de trabajar con el odontólogo. Cuando empiezo a ver como en lo profesional crecí, me di cuenta de que soy capaz de llevar la administración de cualquier negocio, soy muy buena para eso, no importa el motivo o el ámbito. Cuando él decide casarse conmigo observa en mí que soy una muchacha con ganas de salir adelante, que estaba aprendiendo el idioma, que me gustaba lo que estaba haciendo en el trabajo, el empezó enamorarse de mí y yo de él.

Por un año yo lo veía como algo inalcanzable, era un doctor y además estaba en proceso de divorcio entonces nunca pasaba por mi mente que se enamoraría de mí, hasta que de él nació que quería que saliéramos y fue cuando me expreso todo lo que veía en mí, diciéndome que quería darse y darme una oportunidad y él desde el principio lo quiso hacer bien sin mentir y para mí eso fue como un sueño.

Yo creo mucho en el destino y creo que las cosas no nos pasan por casualidad. Se me presentaron muchos obstáculos, entre ellos el rechazo de mi hermano que lo consideraba un apoyo cuando yo me vine a vivir Estados Unidos, apenas supo de mi relación se alejó de mí. A la fecha no nos hablamos, sigue el bloqueo entre él y yo porque duda de la veracidad de mi matrimonio.

También le quisieron "abrir los ojos" a mi ahora esposo, diciéndole que era una colombiana latina, mamá soltera "te va a quitar el dinero que tienes". A parte de eso tenía el reto más grande de todos que era que mi hijo lo aceptará como su papá, y se relacionará con los hijos de él.

Una de las cosas que siempre me ha ayudado es que trato de poner todo en una balanza. Siempre he sido así, tomo las oportunidades que se me presentan, por ejemplo, se me presentó la oportunidad de viajar de Colombia a Estados Unidos o el hecho de que esté doctor quiso ser mi pareja.

En este momento me pregunté ¿qué beneficios iba a tener yo con mi hijo? ¿qué impide que podamos tomar esa decisión? y entendí que la balanza estaba hacia aceptar la legalidad de mis papeles y gracias a Dios, con esa decisión me estaba esperando el amor yo dije "esta es mi oportunidad para que yo sea ciudadana, tengamos una mejor mi vida mi hijo y yo" y además era una oportunidad de que tener una pareja.

Actualmente mi hijo tiene 25 años y yo sigo felizmente casada apoyándome mutuamente con mi esposo, sé que no todo mundo se va a encontrar con este maravilloso regalo divino, por eso estoy tan agradecida.

En el momento en que el príncipe azul y tus ideales se crucen, debes de poner todo en una balanza, preguntarte cuáles son los pros y los contras. Este consejo se lo doy a todo mundo, le digo lo mismo a mi hijo, si tú tienes un sueño pon las cosas en una balanza, identifica cuáles son esas cosas positivas, pero también identifica las cosas negativas a ver cómo está la balanza.

Como consejo para ti lectora te sugiero buscar ayuda, no te límites solamente a lo que tienes alrededor, no te límites a solamente hablarle a la familia y conocidos, debe salir de ese círculo como por ejemplo si yo tengo un dolor de muelas no le voy a hablar a mi mamá le voy a hablar a una persona especialista en dientes, si yo tengo un problema dónde necesito buscar una forma de cómo quedarme en este país, debo ir a buscar ayuda especializada en ese proceso.

Existen personas que ayudan, existen muchas oportunidades para poder analizar tu proceso para que tú te puedas quedar, busca todos los recursos necesarios antes de tomar la decisión de retirarte. Cuando tú tomas la decisión de quedarte, es con el compromiso de hacer que se cumpla un sueño. Nosotros lo hacemos y vamos creando una vida en la que se van abriendo varios caminos diferentes, cada persona es diferente así que le recomiendo a aquella mujer que aún no concibe cómo salir de sus conflictos que ¡busque ayuda! Y, por otro lado, una de las estrategias más enriquecedoras es leer testimonios de personas que estén en la misma situación que tú.

Pueden tomar como ejemplo esto que a mí me pasó y te puede hacer adelantar tiempo en su proceso.

A mí no se me apareció la oportunidad de trabajo en la oficina de mi esposo por casualidad, eso es el destino que ya lo tiene, pero uno es el que toma la decisión. Yo tenía la intención de regresarme a Colombia, en ese momento mi cuñada trabajaba para mi esposo y ella fue la que me dijo que estaban solicitando un asistente en la oficina, en mi estuvo la disposición. Yo no sé nada de odontología y hubiera podido decirle a ella ¡estás loca! pero algo me dijo "sí, hagámoslo" porque me van a pagar más de lo que me estaban pagando en el trabajo que tenía en ese momento.

Yo aprendo rápido pero esa es mi personalidad, porque así soy yo, soy de las personas que "meten la cabeza y veo cómo saco el cuerpo después" pero así me crie, tomó riesgos y esa es una estrategia muy útil, y por eso te invito a ti lector a tomar riesgos, no des tantas vueltas a las cosas porque eso también a veces maximiza las posibilidades de que fracases, por ejemplo, cuando vas a cruzar un río y el agua pasa y pasa y piensas y piensas y decides no cruzar, en ese momento te arrepientes y quieres animarte a cruzar después, ahí se viene algo más grande y ya no pasaste. No le des tantas vueltas las cosas ¡toma riesgos!

Muchas veces la gente no prueba las cosas por miedo al fracaso, hay que darse esa oportunidad, arriesgarse y sobre todo sacar la mejor versión de ti mismo.

Liliana Sherman Contreras

María Lourdes Sañudo

Fue así que el virus fue perdiendo fuerza, pues ya bajo la gracia del Espíritu Santo.

Estaba de embarazo un embarazo de alto riesgo atacada por un virus mortal, con tristeza, falta de auto estima, soberbia, pero la más preocupante, INSEGURIDAD.

¡Fui diagnosticada en el hospital más prestigiado del mundo el hospital llamado SOCIEDAD!

Pagando tan alto precio por mi cuidado a tan renombrado hospital fui descuidada y tuve un mayor ataque por un virus mortal a tal grado de casi perder mi vida y por consiguiente mi embarazo situación que me llevo a darme cuenta de que debía cambiar de hospital ASÍ QUE TOMÉ LA DECISIÓN.

Al verme triste, sola, apagada y permitiendo que el virus mortal tomara mi voluntad me decidí y cambie de hospital y la Niña que llevaba dentro se fortaleció, se fortaleció su espíritu, su alma y su corazón claro tenía en el nuevo hospital a las mejores cuidadoras

Mi doctor de cabecera: Dios.

Mi primera doctora Pati Vásquez la cual me recibió llena de ternura de ahí me refirieron con Marian de Hermosillo así le llamo yo de bastante apoyo para mí, La Niña se ponía más fuerte una vez internada tuve las más valiosas enfermeras (mis amigas 24/7 al pie del cañón sabían que no se podía abortar).

¡Así que la Niña seguía creciendo y fortaleciendo ya una vez en el hospital llamado SENDERO DE LA VIDA!! tuve ahí la oportunidad de hablar cara a cara con mi padre es ahí donde me sugirió el bautizar a La Niña, PERO AÚN NO HA NACIDO, LE DIJE YO, es mejor, así me contesto el así estará bajo mi gracia ¡Pide un deseo! para el día de tu bautizo me dijo él. Que me acompañen quienes realmente aman a mi niña le dije yo. Y cuál fue mi sorpresa que ahí estaban más, muchos más de quienes imaginé la amaban ¡¡¡LLEGÓ EL GRAN DÍA!!!

"EL BAUTIZO". Mi niña feliz estaba rebozando de gozo, la podía sentir dentro de mi seguía fortaleciéndose más, el tiempo paso y pude salir a disfrutar de la ciudad dando pasos pequeños y con miedo, por el estado delicado en el que se encontraba mi niña, decidida a cuidarla mucho, pues el virus asesino estaba al acecho de cualquier debilidad para atacar, ASÍ Que decidida a extremar los cuidados.

¡MI NIÑA DEBÍA NACER!

!!!Ella nacería sana y esa responsabilidad solo me correspondía a mí!!!

Fue ahí en una de mis salidas que decido ir al mejor evento para mujeres en Las Vegas: Mujeres Emprendedoras y Exitosas Latinas; fue ahí donde la doctora Patricia Hernández Carrillo, se dio cuenta de mi estado delicado en mi embarazo (siendo ella cuidadora de mujeres, obvio se dio cuenta), y es tal su responsabilidad con las mujeres que pronto estaría al pendiente de mi embarazo.

TU ERES IMPORTANTE así se llama su clínica con mi embarazo ya muy adelantado tuve una recaída seria como en invierno del 2021 descuidé mi embarazo y el virus atacó de nuevo pensé que sería el fin de mi embarazo pues el virus se presumía que era mortal los síntomas se presentaban como tristeza, abandono, ansiedad, depresión, sueño y falta de ganas de vivir agregando que yo no podía salir de un luto por haber perdido seres amados que ni siquiera habían fallecido.

Vivía en total obscuridad no podía ver la luz, el virus se consideraba tan fuerte que casi me mata, pero Patricia Hernández Carrillo seguía ahí, pendiente, al igual que mis enfermeras ¡mis amigas que siempre estuvieron pendientes de mi cuidado !!!No podía abortar!!!

Así que el virus fue perdiendo fuerza, pues ya bajo la gracia del espíritu santo, el cuidado de mis amigas Y mis doctoras fue sorprendente claro siempre traté de llevar al pie de la letra sus instrucciones, pues sabía de su sabiduría Así que el virus se fue deteriorando perdió fuerza yo había decidido que mi niña nacería.

Siempre caminaba escoltada por mi soldadita por cualquier inconveniente que se presentara ahí estaba ella cuidando a mamá una vez con el virus debilitado y ganando cada vez más la batalla, lo que seguía era huir lo más lejos posible del virus mortal pues se mantenía latente para atacar de nuevo.

El embarazo se puso fuerte nos agarramos de la mano de Dios que ahí siempre estuvo su mano extendida para mí lo que seguía... Sería grande no encontrábamos donde festejar el Baby SHOWER, cuál fue mi sorpresa que estaba disponible el más hermoso castillo en el que habitaban dos princesas, un príncipe, un cuidador y una Reyna, ahí en ese castillo siempre brilla la luna, el festejo empezó y me volví inmune al virus.

Se me olvidó el nombre, solo me acuerdo de los síntomas que presentas una vez atacada, día a día mi embarazo crecía y se acercaba el gran día, solo Dios tenía la fecha, me decía, confía, confía y agradece, agradece el dolor vivido que solo así tendrás un parto exitoso me recordaba siempre a mi doctora Patricia Hernández me decía solo déjate guiar y confía en Dios, confía en mí, confía en ti.

Tú tienes el poder de cambiar tu dolor por amor les cuento que a mi soldadita durante la estancia en el castillo sus ojos se pusieron más hermosos, les presumo que en el Baby Shower recibí los mejores regalos enviados x Dios, las visitas de mis hijos que con ello me hacían saber que no estaba sola que era amada, el gran día llegó ya casi lista gracias a los cuidados de Pati y mis enfermeras, Patricia recordándome siempre a mi doctor de cabecera Dios, siempre me lo dice él, él lo hace posible así que me prepare para el parto ya sin Miedo.

PARÍ, PARÍ, a la más hermosa, delicada, fuerte y poderosa niña, salí del hospital feliz ahí estaban con sus brazos abiertos para recibir a la nueva niña, ellos, mis amores que nunca me han dejado, solté a la niña y le dije:

- Corre libre

- Feliz

- Disfruta de la naturaleza

- Da pasos de plomo

- Llena de seguridad

- Ama reír

Bueno ella ríe a carcajadas, eso le encanta, aunque quisieron apagar su risa igual hubo un último examen y el virus fue exterminado completamente de nuestras vidas siempre lo creí, aunque sea un virus asesino silencioso, no podrá porque yo permití ser atacada por él, yo tengo igual el libre albedrio para poder exterminarlo y así fue, ya no existe más…

 A ti mujer que me lees…

Te regalo un consejo:

Agradece por tu dolor vivido solo decide cambiarlo

-     por amor

-     por poder

-     por crecimiento

ten paciencia y confía no pierdas la confianza en Dios y en ti

Si a alguien le entregaste tu voluntad, recuerda igual tienes el poder de quitárselo, solo tú puedes hacerlo, saca tu potencial, tu mejor versión, de ti saldrá a través de tu dolor transmítalos tú tienes el poder.

Es así como nos volvemos inmunes al virus asesino y silencioso

Hoy puedo decir con gran orgullo que no permitiré nunca más que a mi niña le roben la sonrisa hoy ella ríe a carcajadas, vuela, vuela alto, siempre aprendiendo de las mejores, eternamente agradecida con Dios, con Paty Vásquez, Mis enfermeras de cabecera, Marian mi consejera y mi doctora, maestra y gran amiga Patricia Hernández sin ti no llego a la sala de parto.

Me acabo de tomar un último examen y ya no queda ni rastro del virus, estoy feliz, agradecida, trabajando, viviendo en el lugar de mis sueños, haciendo lo que me gusta, disfrutando a mis 4 hijos y mi chulo nietecito, tengo la dicha de tener los mejores padres, Agradezco a ustedes mis hermanos que en el momento de mi caída jamás se avergonzaron de mí, Agradezco a Grecia que en paz descanse que en mi caída bajo conmigo y me dio su mano ayudándome a subir.

Dedico este escrito a los amores de mi vida…

Mi tesoro, Alejandra

Mi rey, Sebastián

Mi soldadita, Guadalupe

Mi yerno Aarón, a la sonrisa de mi nietecito Abraham.

¡¡¡Gracias por creer en mí, los amo!!!

Patricia Hernández Dios bendiga tu labor.

Recuerda mujer DIOS ESTÁ DENTRO DE TU SER.

Te dejo saber algo hoy mi niña convertida en una mujer guerrera, bella, libre, agradecida que hoy te agradece a ti que estás leyéndome que hayas decidido tomar las riendas de tu vida.

Mi niña lleva el más bonito nombre escogido por su mamá María Lourdes Sañudo.

María Lourdes Sañudo

Manuela Padilla

No solo existe el abuso físico, existe el abuso emocional, económico, pero en ninguno debemos caer, identifica las señales que te eviten caer en ello.

La verdad es que hace mucho que quiero plasmar mi historia, creo, que mucho de mi historia haría como dos o tres novelas, pienso yo, desde hace mucho que quiero escribir, pero no sabía cómo empezar, no sé, ¿cómo hacerlo? Hasta que llego la oportunidad de esta coautoría que ahora te invito a ti que me estás leyendo, porque quisiera qué otras mujeres aprendieran de todo esto, muchas mujeres no pasarían por todo lo que yo he pasado, de hecho mi mensaje ya lo he transmitido anteriormente a raíz de que trabajó en un programa comunitario donde he tenido oportunidad de contar a veces mi historia y ver que muchas mujeres pasan por lo mismo y me gusta platicarles para que se abran, para que hablen, para que no pasen por todas estas cosas que alguien más le ha sucedido si podemos aprender desde la experiencia ajena nos ahorraríamos años de sufrimiento.

Quiero comenzar hablando del abuso al que puede estar sometido un ser humano, desde el abuso de la infancia, pareja y hasta a veces los hijos, todo mundo te pueden abusar y no se dan cuenta de que están abusando, entonces mi relato comienza desde el momento que elegí salir de los abusos de mi hogar de infancia huyendo de ellos buscando una pareja donde refugiarme a temprana edad, ahora aprendí que una, es la que tiene que trabajar, y mientras eso no suceda tendrás que trabajar personalmente, eso es lo que me gustaría transmitir.

Pienso que comenzó mi cambio cuando me casé con mi primer esposo, actualmente vivo con mi segundo esposo, pero con mi primer esposo sufrí mucho abuso físico, yo pensaba que eso era normal, pensaba que me tenía que someter porque me mantenía, vamos a decir porque yo no trabajaba, porque yo no sabía trabajar, yo no sabía que yo era capaz de trabajar y de poder ganarme la vida por mí misma, entonces permití muchos abusos por esa ignorancia, por no saber qué hacer, por no saber por qué puerta salir y permití 11 años de abuso físico y emocional, en todos los aspectos, en ese lapso de 11 años procree tres hijos, hasta que tuve que salir corriendo de esa situación, cuando ya no soporte vivir con esa persona, un día me dije ya nomás, quiero salir de esto, ya no quiero, ya no quiero recibir los golpes, las palabras que me hacen sentir degradada como mujer, como ser humano, quería dejar de sentirme que no valía nada, sabía que tenía que salir corriendo de esa situación simplemente.

Recuerdo muy bien el día que tomé la decisión, fue un día que él llegó borracho, enfadado se puso violento y destrozo todos los muebles de la casa, destruyo todo con un marro que había en la casa, quebró mi juego de sala, quebró una cama, quebró tantas cosas, que agradezco lo estoy relatando, agradezco de que estoy aún con vida, ese día, fue que dije yo, hasta aquí nomás, no salí ese mismo día porque era imposible, tenía que sacar a mis hijos de la escuela, espere unos días más, pero ese día fue el día que yo tomé la decisión, hasta aquí no más.

Mi hermana mayor llegó casualmente el día que estaba todo destrozado, me dijo Nelly ¿hasta cuándo? le dije hasta hoy, pero no sé cómo hacer, hasta hoy, y escuche de sus labios decirme ¡¡¡yo te voy a ayudar!!!, entonces nos pusimos de acuerdo, y comencé a hacer los movimientos necesarios para salir de ese yugo, ella me dijo yo te cuido tus hijos, tú muévete a algún lugar a donde puedas llevártelos, sal y busca trabajo mientras yo te los cuido, pero déjame todo preparado para que no me los vaya a quitar, así es que yo fui a un juzgado a levantar un acta y dejar a mis hijos seguros con ella para que no se nos quitaran, me asegure de llevar pruebas sobre los abusos físicos que yo estaba sufriendo, les conté mi plan de lo que tenía que hacer para conseguir la autorización de la autoridad, solo quería salir de ahí, nomás espere salirme de ahí, dejar una carta donde decía como era mi vida y porque ya no soportaba más.

Pasaron muchas cosas, primero que nada, mucho dolor, mucho llanto, mucho, mucho pesar, no porque lo dejaba él, sino porque la vida de mis hijos pendía de un hilo su felicidad, todo estaba tan débil algo tan frágil, tenía que separarme de ellos por un tiempo para estabilizarme, para mí lo más terrible era la separación de ellos, fueron de los momentos muy duros y difíciles, el separarme por un tiempo para irme a buscar nuevos horizontes para llevármelos por supuesto, porque todo el tiempo en mi mente estuvo que esa separación iba ser temporal.

Me fui a otra ciudad a conseguir un trabajo, solo en mi mente en ese momento eran mis hijos, todavía no me los podía llevar, yo miraba todo tan inseguro, imagínate venirme de Sinaloa donde vivía a nogales, siendo una frontera peligrosa yo no podía todavía traérmelos hasta estar acomodada ahí y luego cruce la frontera a ver si encontraba horizontes acá en Estados Unidos y en el primer momento que pude, tuve que regresar otra vez, seguir trabajando, luchar con el papá de mis hijos por qué quería que regresara con él, así que rompí dos veces esas cadenas, porque si regrese, y no regrese por amor siempre lo voy a decir, regresé por la inseguridad, que encontré dónde quiera, me dio miedo no hacerla con mis hijos traérmelos a lo desconocido, a donde Dios guarde la hora nos pasara algo, tenía mucho miedo, mucho miedo así es que regrese una segunda vez, más bien esa era la primera vez que regresaba, yo nunca lo había dejado, era la primera vez que nos dejábamos.

Cuando yo regresé, lo hice porque me insistió y no me dejaba en paz y otra, porque lo utilicé, él tenía muy buen trabajo y lo pensé, dije: "esta es una manera de que yo pueda tener un pasaporte para irme a Estados Unidos, así podría poner tierra definitiva de por medio", y lo utilicé, me puse en la cabeza que lo iba a lograr, me junté para que me diera todo lo que yo necesitaba para tener ese bendito pasaporte, y me pudiera sacar para siempre de allí, lo logré al final de cuentas fue una estrategia, creo que el poder resolver lo emergente que era tener mi pasaporte me dio una buena oportunidad.

Sí entonces sí me vine con la puerta abierta y la abrí también para mis hijos digo también porque él primero me lo dio solo para mí, no me quiso dar la autorización para los hijos entonces cuando yo me vine a conseguir un trabajo, hablé con él y le dije mira tú y yo no podemos estar juntos, tú no quieres dejar el alcohol, mis hijos necesitan estar conmigo, entonces pues fírmame los papeles para poder traer a mis hijos, ellos van a estar yendo a verte cada que se pueda, y logré que me firmara los papeles, obtuve reunirme con mis hijos y traérmelos, fue el momento más feliz de mi vida, yo dije si hay oportunidades en Estados Unidos, pero voy a tener que luchar mucho, por ellos principalmente, ya había luchado por la entrada bien, con pasaporte, no como la primera vez rodeando montañas y caminando, sino bien y te digo esa segunda vez cuando logre fue para mí un logro, ya cuando los traje aquí fue un resultado muy grande.

Mis primeros retos en estados unidos fue meterlos a la escuela, a empezar a luchar con mis hijas de 12 y 13 años, yo los dejé cuando ellas tenían una 11 y otra 10 entonces fue luchar con la de 12 porque la de 13 era un poquito más madura no era tan difícil con ella era más comprensiva, pero la de 12 era como un reproche continuo del porque la separe de su padre, una relación muy mala entre ella y yo, porque como papá era excelente, tenía problemas con el alcohol y conmigo, pero con ellas era bueno, o sea él hacía su papel de papa bien, aunque llegara borracho de noche, al día siguiente con ellas era cariñoso, les ayudaba con las tareas, era un papá consentidor, un buen papá con ellas, entonces la de en medio, porque eran tres también tenía un varón de 9 años, era la que siempre estaba ahí con el reproche, y él no poder llevarme bien con ella era desgastante, porque todo el tiempo estaba peleando conmigo, todo el tiempo me estaba reprochando cosas y ahí fue donde comienza otra etapa de mi vida.

Para ese entonces yo había conocido a un buen esposo, un hombre pacifico que se convirtió en mi segundo esposo, lo que me gusto es que no tenía vicios, eso me encanto porque era sumamente importante no tener adicciones, aunque no todo en la vida es no tener adicciones, pero con la ayuda de él salimos adelante, me apoyo me ayudo a sacarlos adelante y hasta la fecha seguimos juntos reconociendo el amor incondicional en el día a día.

He elegido aprender a moderar mi comportamiento con ellos, ya no me enganchó en peleas, ya mejor prefiero decirle en otra ocasión hablamos, cuando estés más tranquilo/a o si estás enojado ahorita por algo espérate y luego hablamos, trato de no engancharme con las peleas, cómo me enganchaba antes, que era puro pelear y pelear, cuando contestaba, ahí es, donde surge el pleito, la discusión, el dime qué te diré, o sea, tú me dices, yo te digo, y después te queda un sabor amargo en la boca, una cruda espantosa, por el pleito que tuviste me sentía como madre devastada, tenía mucho dolor, dolor por no poder controlar las cosas, por no poder controlar la situación, por no poder hacer bien las cosas, o sea dolor que me preguntaba ¿que hice?, ¿qué pasa con mi familia? ¿porque todo esto? ¿Por qué?, ¿porque ha estado pasando todo esto?

Ahora que ya se, que no es bueno engancharse, le diría a aquellas mamás que están pasando por ese tipo de abuso en específico, que escuchen, y traten de mantener la calma, que no sé enganchen cuando empiece la discusión, se mantengan fuertes, es mejor retirarse y decir en otra ocasión hablamos, cuando estés más tranquilo/a podemos seguir con la conversación, ahorita no se puede, aunque la verdad para mí sigue siendo difícil no engancharme es un día a día, y cuando menos pienso dije algo que no debí de haber dicho y ya no lo puedo remediar es bien difícil no engancharse pero se tiene que luchar con eso en el aquí y el ahora para hacerte presente.

Me preparé para tener un mejor trabajo, porque andaba haciendo de lo que podía vendiendo ropa, tuve miedo pero me pregunte ¿qué va ser de mí? o sea yo tengo que hacer algo por mí, desde antes o sea desde siempre he trabajado, por ejemplo si yo no trabajaba unos meses, siempre sentía un remordimiento de conciencia, o sea tienes que hacer algo por ti, me presiono mucho solita, Manuela tienes que estudiar, tienes que ir a la escuela, entonces me inscribí a diferentes lugares, por ejemplo de cultura de belleza estuve 10 meses, casi un año, me metí a una escuela de inglés, que no me gustó, porque sentí que nunca se dieron cuenta que estaba allí, me salí de esa escuela, seguí vendiendo ropa hasta que un día, mire un anuncio que decía que podías aprender hacer impuestos, en una compañía que es muy grande aquí en Estados Unidos, entonces te daban el curso gratis, y te instruyen, me metí allí y dije voy a aprender hacer taxes, me metí a tomar un curso por 3 meses intensivo, le eche, todas las ganas del mundo, aprendí todo el programa, entonces cuando ya me mandan a trabajar, porque ellos me dieron trabajo, fue en enero del 2013, y el primer cliente fue un gringo, él no sabía nada de español, así que decidí entrar al ruedo, haz de cuenta que entró al ruedo sin capa a lidiar con un toro, que en realidad no sabía más que preguntarle su dirección, muchos detalles no los sabía, había cosas que sabía, había cosas que no, fue muy difícil para mí, pero lo logré con ayuda de otras compañeras logré salir adelante, salí a las 6 de la tarde de la oficina, de allí me iba al salón de clases a estudiar inglés porque lo necesitaba, para esto ya tenía 53 o 54 años.

Entonces yo me meto al colegio ese mismo día, voy a un lugar donde te financian los estudios, arregle todo y me meto a la escuela, empecé con mis primeras clases de inglés, me toman en un segundo nivel apenas alcance ese grado pero ahí empiezo con mis clases, más mi trabajo, más la venta de ropa, tres cosas a la vez, trabajaba, iba a la escuela, iba a trabajar, y continúe hasta terminar el programa y seguí con clases regulares, hasta que se presentó está oportunidad de trabajo que cambio mi vida, eran dos años continuos de estar yendo a la escuela con dos o tres clases sin parar, tenía dos adolescentes en la casa a los que también había que cuidar, estar al pendiente de los hijos, vender ropa en la mañana, ir a la escuela en la noche y trabajaba las 4 horas diarias de lunes a viernes, y mi vida los sábados y domingos, es cuando vendía la ropa, en la tarde, ir a la escuela y así correr de un lado para otro, era lidiar con todo eso, en el momento en el que me dan ese trabajo que hoy tengo.

Se presentó la oportunidad por una amiga mía, ella me dice, "sabes hay una oportunidad para que entres a trabajar", su hermana era la coordinadora de ese trabajo y era la manager, así que mi amiga me dice, "mira, yo sé que tú, estás bien capacitada para ese trabajo, te conozco y somos muy amigas, te conozco, se, de lo que eres capaz de hacer" dice está abierta una oportunidad ahorita y de hecho le pregunte y ¿tú por qué no te metes? porque ella también estaba sin trabajo, se había acabado la temporada de taxes, que dura de enero a Abril, estaba sin trabajo pero seguía con mi ropa aunque tenía poco clientes seguía activa, en ese momento cuando empezaba con mi actual trabajo, es muy bueno, es trabajo social, y ella me dice tengo que confesarte la verdad, me da mucha, mucha vergüenza, pero yo no puedo por ahora trabajar ahí, yo estoy segura de que tú puedes, te conozco, sé que eres capaz de desempeñarlo.

Fue así que obtuve el trabajo con asistencia de mis hijas, les pedí ayuda, ¡vamos a llenar esta aplicación! porque me solicitaban un currículum, mi hijo Rafael me ayudó a hacer el currículum, lo sometimos y me llamaron para la entrevista, una de mis hijas me preparo para la entrevista, era una entrevista donde iba a ser puro inglés y yo tenía que estar preparada, ella me dijo, mamá, mira estas entrevistas son delicadas porque este es un trabajo un poco mejor que los que has tenido, no es como que vas a ir a una fábrica, o un restaurante, este es un trabajo donde tienes que ponerte bien atenta, lo que te van a preguntar, tienes que estar preparada, apréndete estás 10 posibles preguntas que te pueden hacer en la entrevista y todo el tiempo mira a tu entrevistador a la nariz, así parecerá que lo vez a los ojos, pero no te sentirás intimidada, no le tienes que sostener la mirada fue el mejor consejo que me pudo dar, porque le pude sostener la mirada todo el tiempo al entrevistador, me hizo un promedio como de 15 preguntas, iba bien preparada para contestar todas esas preguntas, entonces lo que le podían preguntar a un trabajador de la comunidad en eso me enfoque, yo iba preparada para contestar ese tipo de preguntas, así que pude pasar la entrevista bien.

Me hablaron como a los 8 días para decirme Manuela te aceptamos, ¡el trabajo es tuyo!, ese fue uno de los días más felices de mi vida, porque era un logro grande para mí, era un trabajo que lo consiguen apenas las personas que tienen mucha capacitación, de pérdida 2 años de colegio en trabajo social, y lo estaba logrando con haberle echado ganas, en ese momento yo, ya era ciudadana, me hice ciudadana en el 2004, debo mencionar ese logro grande para mí, así que cuando obtuve este trabajo me dije ¡estoy aquí!, ¡esto es para mí!, es un trabajo muy grande, porque de ahí para acá se desencadenaron muchas bendiciones para mí, mucha preparación, mucho entrenamiento, estaba yendo a clases, a entrenamientos, los mejores frutos que he tenido de ese trabajo es la preparación, el aprendizaje sobre superación personal, sobre depresión, sobre abuso de pareja, sobre los hijos y he aprendido mucho, mucho, aunque no me he dado cuenta es gracias a esto que tengo técnicas y estrategias que puedo aplicar en mi vida, Dios me ha dado la oportunidad de aconsejar a tantas mamás, que hasta se quedan las mamás así como que ¡Manuela Gracias por tus consejos!

Todo el tiempo tengo tanta gente que me quiere, me admiran y yo he experimentado al aplicar en mi vida lo que he aprendido, tengo una vida donde me he podido manejar con integridad, si he trabajado en mí misma, posiblemente me falta en el trabajo interior, es una parte base para poder resolver muchas cosas, pero es un caminar en el día a día donde he podido corroborar que teniendo las bases y fundamentos fuertes puedes lograr muchas cosas, sanar es, en el aquí y el ahora, es continuo trabajo, he decidido trabajar en mi misma, para poder ayudar a mis hijos, decidida a hacer lo que se tenga que hacer para llevar la vida agarrados de Dios, tú en este momento puedes transformar tu historia, no dudes de tu grandeza, haz lo correcto, sal de esa situación en la que actualmente hoy estés.

Es de humanos equivocarse, yo me dije a mi misma, ¡yo te amo!, ¡hoy puedes hacer la diferencia!, hoy Manuela tiene una posibilidad de ver la vida diferente, quiero ver a mis hijos sanos, quiero ver a mis hijos bien, es todo lo que quiero tener, la felicidad, la tranquilidad, poder dormir a gusto, saber que mis hijos están bien, saber que juntos vamos a salir adelante, vamos a hacer felices cuando nos relajemos y disfrutemos del día.

Manuela Padilla

Mariana González

El poder no se pide, el poder se toma.

Llegue de 16 años a los Estados Unidos sin sueños, sin metas, solo por invitación de una amiga, nunca pensé que había una ciudad llamada Las Vegas en mi vida y llegue aquí sin familia, sin amigos y sin conocer a nadie, cuando Sali hacia estados unidos simplemente me dijeron solo puedes traer una muda de ropa porque no sabemos cómo vamos a cruzar y yo al ser tan inocente, solo obedecí solo tenía 16 años y acepte venirme así, considero que desde el vientre de mi madre he tenido una vida exitosa. Tengo dos hermanos arriba y dos abajo, entonces era la princesa caprichosa, la consentida, la que le daban todo, entonces cuando decidí irme de mi casa mi padre me dijo "No sabes lo que estás haciendo".

Fue un golpe muy duro para mis padres, mi padre me preguntó, ¿sabes lo que vas a hacer? Tienes 16 años. No sabes de lo que estás hablando. Eres una señorita de tu casa y si te mandas sola, te vas. Y si valoras lo que tus padres hacen por ti te quedas... y yo como inexperta me propuse irme a conocer, cuando llegué a Estados Unidos llegué con un nivel de inocencia muy alto en cuanto a lo que aquí se podía vivir y nunca imaginé el gran reto que me esperaba y no esperaba lo que la vida me tenía preparada, al estar ahí, llegamos a una casa con la persona que venía, su hermana y yo, y en ese lugar la dueña de la casa tenía un bebe y trabajaba de noche, así que para ganar comida y techo yo decidí por iniciativa propia cuidar de su hijo para poder ganarme la vida durante el tiempo en lo que conseguía trabajo, paso un mes y aun no conseguía nada.

Recuerdo que un día llegó con muy mala actitud (ahora la entiendo porque éramos tres viviendo con ella, entonces para ella representó mucho estrés), así que una madrugada ella llego a casa del trabajo y yo estaba con él bebe abrazándolo para que se durmiera, ella abrió la puerta muy fuerte y me dijo te vas de mi casa ahorita y me impresionó un poco, pero yo ya tenía carácter, así que dejé al niño sin interrumpir su sueño tranquilamente, lo acosté, agarré mi dignidad y bajé las escaleras bien decidida de salir, aunque a mitad de las escaleras comencé a llorar preguntándome ¿a dónde iba a ir? ¿qué iba hacer? no conozco a nadie, no tengo amigos, no tengo familia, ¿qué voy a hacer?

Hasta que recuerdo caminar en esas horas de la madrugada a una tienda Smith de la que en esos años, estoy hablando hace 30 años estaban abiertos las 24 horas y recuerdo que metí las manos en mi pantalón y me buscaba algo para poder solucionar, así que en un momento me vino a la mente muchas cosas de cómo tendría que resolver así que pasó el tiempo se dieron las 6 de la mañana yo llorando y de repente en la bolsa pequeña de mi pantalón sentí un papelito que me dio curiosidad que era así que lo abrí y era el teléfono de un muchacho que había conocido días anteriores, yo no me recordaba que habíamos ido a comer tacos y él me había dado su teléfono en ese papelito.

Así que estaba llorando, preguntándome qué iba a hacer, ese papel me llamó la atención de la persona que había conocido, así que la pensé una vez, dos veces, tres veces, 40 veces y dije que era la única opción que tenía, hablarle, así que lo hice después de pensarlo tanto, le llamé y le dije: "¡Ey! Soy Mariana, nos conocimos en los tacos y me diste tu número", y él muy amablemente me contestó: "ya no supe de ti, ¿qué paso?". Así que cuando escuché esa frase "qué paso", me puse a llorar y le platiqué lo que me estaba sucediendo y me dijo que no me moviera de ahí, ahora voy por ti, la verdad no me quedó de otra y llena de miedo, aproveché la oportunidad, no tenía opciones en ese momento, sólo recuerdo que cerré los ojos y dije: "Dios mío, no sé qué será de mí, pero tu si sabes", él llegó en su auto, me levantó y me dio un abrazo preguntándome ¿cómo es posible que te hayan hecho eso?

Llegamos a su casa me permitió dormir, me hizo el desayuno, me dio su cuarto, él durmió en la sala… así que desde allí supe que tenía que ser fuerte, entendí a mi corta edad que no tenía a nadie más que a mí misma y que no iba a volver a casa porque me había dado cuenta de que tomé una decisión en contra de mis padres cuando ya me habían advertido de lo que podía pasar, así que opté por asumir las consecuencias. Creo que en ese momento este chico fue un ángel en mi vida enseguida él me consiguió trabajo, paso el tiempo y logré establecerme.

Mas adelante, gracias a Dios conocí al padre de mis hijos, que ya era un hombre exitoso y creo que llegué a su vida en el momento perfecto de su vida perfecta porque ya era un hombre de negocios, abundante y próspero recuerdo que yo toda mi vida sin tener conciencia siempre dije soy abundante soy próspera y la vida me ha puesto en caminos maravillosos para disfrutar de la abundancia divina, siento que desde el vientre de mi madre ya era exitosa, aunque la vida me vuelve a desafiar cuando me doy cuenta que con el padre de mis hijos, no todo era miel con hojuelas, porque nos sacrificamos mucho para generar ingresos llegamos a tener 5 negocios juntos, pero no éramos cónyuges, éramos un equipo, éramos el mejor equipo del mundo para hacer negocios, ganábamos dinero, pero la vida me desafiaba en un camino muy difícil y con mucho aprendizaje.

Hoy le agradezco al padre de mis hijos y lo bendigo enormemente porque gracias a él, aprendí a ser mejor, aprendí a desarrollarme, porque al inicio era muy tímida y él siempre me decía levanta la cabeza levanta, las emociones que nadie te vea que eres débil, que nadie vea que estas luchando, eres una dama, él tenía 10 años más que yo así que aprendí mucho, de hecho, eso siempre me decía continuamente me decía que se puede y que se puede bastante él fue mi impulso.

Aprendí muchas cosas, pero llegó un momento en el que dije que yo no nací solo para ser madre y esposa, ahí empezó, cómo esa preocupación de que no puede ser que la vida sea siempre la misma, el mismo trabajo, la misma empresa, trabajar en los negocios, prácticamente me mantenía ya con una mente enfocada, siempre me decía sé que hay algo mejor, así que llegó uno de los momentos más bonitos a mi vida, que fue entrar a una academia de liderazgo y superación personal y de todas las cosas que me apasionaban, el me apoyo en todo, me llevaba y traía a california dos veces por mes, a veces hasta 4 veces hasta completar mi curso, allí, descubrí que quería servir en una manera diferente y en el transcurso de tomar mis clases porque fueron dos años de preparación y 4 años de práctica, me di cuenta que ya no quería estar con él aunque hoy le agradezco su apoyo que fue lo más hermoso que me dejo, aparte de mis hijos, el haberme llevado a reconocerme, necesitaba saber que quería de mi vida, en donde estaba parada y hacia donde iba.

A través de mucho trabajo personal, pude reconocer mi esencia y fue muy bonito, poder dedicarme a servir me llenó el alma, y en ese momento entendí lo que significa vivir plenamente no solo para ser feliz, sino en vivir a plenitud, decidí hacer feliz a mi gente todos los días.

Mi vida desafiante fue cuando terminé mis cursos en mi escuela y ya estaba reconociendo quién era, entonces cuando reconocí mis heridas y las sane cuando reconocí mis defectos y supe que la estaba regando, libremente y valientemente tomé la decisión de poder decirle "tenemos que hablar", decidí enfrentar el momento más difícil de mi vida, porque me había casado para toda la vida y no veía cómo podía romper con eso, no era un matrimonio tóxico porque no éramos pareja, no éramos matrimonio, éramos equipo, no había conflictos, todo estaba laboralmente, en el trabajo yo tenía mis ideas y él las aprobaba.

Sin embargo, pude darme cuenta gracias a esas capacitaciones que elegí un esposo ausente y eso me mantenía molesta porque habíamos construido mucho, recuerdo que él se iba a México a Tijuana los fines de semana a gastar el dinero, así que reconocí quién yo era y ahí le expliqué las causas que me hicieron pensar que no podíamos seguir juntos, no nos conocíamos, no sabíamos cuan era nuestro color favorito, no sabíamos lo que nos molestaba porque nunca lo demostrábamos, yo nunca identifique lo que le molestaba a él, era un hombre súper pacifico conmigo, ahí no hubo retos como pareja y decidí alejarme porque no podría estar con un hombre que no sabía ser esposo, le dije "de que te sirve darme todo, si tú no estás aquí", así que recuerdo que me contesto no me dejes, dame un año no puedo perder a mi familia así.

Eso se me hizo súper inteligente de su parte y le dije bien, entonces me dice si ¿quieres practicar lo aprendido? Y le dije si, entonces él dijo ok yo hago mi parte cuido a los niños, entonces comencé a trabajar en las herramientas de liderazgo y superación personal que ya había aprendido y gracias a Dios muchas personas entraron a mi vida por medio de ese servicio, sin embargo nada más lo disfrute por un año, me di cuenta que había llegado al mismo lugar, la mente es necia y él seguía teniendo las mismas actividades y acciones de antes, entonces le pedí que nos separáramos, de nuevo le dije que no podíamos seguir juntos y yo tome la decisión de separarnos. se fue de Las Vegas porque dijo que sería difícil que nos quedemos aquí los dos, él dijo si de verdad quieres eso, quiero respetarte, ya me dedicaste muchos años muchos de mis sueños se cumplieron porque has sido mi apoyo, habíamos construido tanto que hoy puedo decir que no sentía que era mío, me pregunte ¿por qué me siento tan vacía?, me he dedicado a ser madre, ser esposa, a cumplir sus sueños a los demás, un negocio, luego otro, luego con otro y aun me sentía vacía porque no era lo mío así que lo más sano fue separarnos.

Un año después, cuando él regresó a Las Vegas, me dijo "quiero ver a sus hijos", así que volvimos a verlo nuevamente, pero en el lapso de esos días tuvo un derrame cerebral y la vida me puso completamente la visión al revés, estuve un mes en el hospital cuidándolo porque aunque ya no estábamos juntos, estaba muy agradecida por todo lo que había aportado a mi vida, entonces me olvidé de todo incluyendo a mis hijos, porque sentía que de alguna manera tenía que pagarle para compensar el hecho de que nunca hubiera tenido que dejar a mis hijos para ir a trabajar mientras estaba con él, estoy muy agradecida por el hecho de que me permitió ser madre de tiempo completo y el poder desarrollar lo que me gustaba es por eso que sentí que tenía que estar ahí con él.

Fue un mes muy pesado, después él siguió con su vida, pero en ese momento solo me tenía a mí, no tenía seguro, no tenía nada, todo termino y tenía que darle medicina, en ese momento la medicina me costaba $400 más el apoyo para mis tres niños que tenía que llevarlos a la escuela, además lo llevaba a terapia, trabaje mucho, bajé 15 kilos y cuando eso paso nos quedamos sin dinero de vivir en una casa de 5 cuartos, dos salas, irnos a vivir a una casa móvil, fue muy difícil para mí y para mis hijos, en especial para mi hijo porque me decía que no se merecía eso, mi hijo quería su recamara, recuerdo un día me dijo "quiero a mis amigos", quiero mi casa él no entendía, recuerdo que trabajaba hasta 12 horas al día y recuerdo estar cansada pero pidiendo a Dios avanzar así que en ese tiempo llegó a mi vida las redes de mercadeo.

En esta red de mercadeo comencé a entrenarme, comencé a escuchar muchos audios y dije necesito drenar todo esto que me está pasando, entonces abracé mucho los libros, abracé el sistema, pero nunca mostré que estaba pasando por esta situación, nadie nunca supo que pasábamos, no sabían que el viento que entraba por la ventana calaba los huesos o como compré medicina para el padre de mis hijos, y nadie supo nuestras crisis, nadie supo que dormíamos con zapatos para pasar el frío porque no teníamos calefacción, para mi primero estaba la recuperación del padre de mis hijos, la comida y luego lo que venga, entonces eso fue muy difícil para mí y para mi hija, porque en ese momento tenía que ponerla a cargo de cuidar a sus hermanos porque alguien tenía que trabajar, alguien tenía que traer dinero a casa y recuerdo decir ¿qué voy a hacer? no sé hacer nada, es decir, nunca había trabajado en mi vida, no sé hacer nada y me acuerdo que una amiga me dijo: ¡ay Mariana!, ¡hasta limpiando casas, te van a despedir!, yo no sabía nada, ¡¡yo no sé hacer nada!!, entonces lo único que sabía era leer, escribir y negociar, de ahí a trabajar con esta persona que me presentó a la red de mercadeo y dije hoy yo estoy pasando por situaciones, necesito dinero entonces recuerdo que entré con la firme intención de que se iba a hacer un trabajo y lo hice lo mejor posible.

Logré cosas que algunos líderes no habían hecho en muchos años, yo lo hice en poco tiempo, tenía hambre, tal vez ellos no, pero yo tenía mucha necesidad, sabía que tenía que dar de comer a mis hijos y recuerdo que en una de esas hablé con la líder experta en hacer faciales y le pregunte ¿cómo se gana dinero? así que ella me dijo ¡no estoy disponible ahorita pero si quieres nos vemos después!, le colgué pero como soy muy terca le volví a llamar y le dije, ¡sé que estás muy ocupada, pero dame solo 5 minutos, con solo cinco minutos de tu tiempo, los haré grandes! y me dijo, tengo la salida en estos momentos, ven si no puedes alcanzarme lo siento, así que corrí y le dije ¡necesito ganar dinero! y me dijeron que en este negocio se gana, enséñame como hacer faciales, entonces la chica me dijo en 5 minutos no te puedo enseñar y le dije tú me dices y aprendo y en cinco minutos me explico, le pedí un catálogo y me lo llevé a casa dispuesta a grabármelo.

Recuerdo que tiempo antes me había comprado la máquina para hacer faciales y antes de llegar a casa yo iba llorando preguntándome ¿qué voy a hacer? así que cuando abrí el garaje lo primero que veo, fue la máquina, que la había comprado hace mucho tiempo y me vi sorprendida, emocionada, diciendo "la máquina para ganar dinero" y en ese mismo momento las lágrimas pararon y empecé a desempolvar la máquina, abrí el catálogo y comencé a aprender esa noche todos los productos y los costos, era más fácil ofrecer si sabía los detalles, así que opte por empezar con mis hermanos y parientes cercanos, hablando con ellos y preguntándoles ¿puedo hacerles faciales? así que un día ya estaba afuera haciéndolos y eso me dio mucha seguridad empezó a entrar gente a mi organización y de repente ya había crecido y ya estaba facturando más de 1,000 dólares, ya no tenía problemas para comprar medicinas, ya podía alimentar a mis hijos y esa fue la mejor decisión que cambio mi historia.

Con el tiempo, puedo decir que mi liderazgo se hizo muy fuerte. Aprendí mucho de todas las personas que entraron en mi organización. Creo que fue un punto de crecimiento muy importante porque ya traía ese nivel de liderazgo, negociación y de inteligencia emocional. Logré consolidar toda esa sabiduría que ya aportaba, entonces aprendí mucho a respetar el proceso de cada persona, aprendí mucho a identificar en qué parte del proceso estaba cada una de las personas con las que me involucré, y desarrollé mucha de mi paciencia a través de esas personas que trajeron esa virtud a mi vida, lo que puedo ofrecer ahora, es mi historia que seguramente es la historia de muchas mujeres con diferentes nombres.

Hoy a las mujeres les puedo sugerir "renuévense", si en algún momento de su vida pasaron cosas, perdieron la dignidad, necesitan renovarse eso las dignifica. "renuévate" porque puedes ofrecer tu nuevo yo, tu verdadero yo, tu verdadera esencia, date tu tiempo, date tu espacio, donde puedas hacerte preguntas claras, ¿quién soy yo? ¿qué quiero? ¿adónde voy? ¿dónde estoy parada? ¿dónde voy a poner mi GPS? para saber a dónde voy, por mi experiencia es lo que comparto con muchas mujeres, así que cuando ya estés restaurada, cuando estés reconstruida y quieras empezar una nueva relación será por las cosas que generas en tu nueva versión, sin arrastrar heridas de tu pasado, sin estar simplemente cargando relaciones pasadas, siendo tú, cuando estas libre de todo eso vienen grandes frutos.

Actualmente, Mariana es una mujer que no tiene miedo, llena de propósito, llena de vida, llena de alegría, llena de gratitud y llena de muchos sueños, muchos deseos. Me encanta ver mujeres exitosas, eso me llena mucho el alma, me llena de fe, yo creo que Mariana hoy camina por fe, sin cuestionar, todo es perfecto y sé que todos tenemos procesos diferentes, pero cuando uno aprende a caminar por fe, aunque en teoría suena muy lindo es un proceso fuerte porque muchos te dicen que te ames, te dicen que te renueves, pero ¿cómo? ¿me puedes dar las herramientas? Ahora, si vienes a mí, puedo compartir esas herramientas contigo. Puedo decirte que, si puedes, todo estará bien porque puedo llevarte de la mano.

Después de todo lo que he vivido en los últimos años, estoy trabajando mucho con el orgullo, es una de las áreas que es mi punto ciego, mi hijo adolescente se fue con su padre y mi hija decidió hacer su vida y llegó el momento en que me sentí desnuda, no tenía a nadie y por ese orgullo de no preguntar, llegó el momento en que caí en una depresión, porque mis hijos se fueron, aunque no la reconocí, en ese momento creo que fue uno de los peores momentos de mi vida hasta terminé viviendo en la calle, estuve durante una semana en mi carro ahí tenía todo, ¡mujer no me avergüenzo! ¡esta es mi historia! hoy me llena de orgullo contar esta parte de mi historia, sabiendo desde que punto pasé, hasta el punto que estoy hoy, porque recuerdo que en esos días de soledad en específico uno que me halle desesperada sin fuerza y recuerdo apretar tanto el volante porque sentía que no tenía salida, no tenía casa, no tenía a mis hijos conmigo, pero yo había comenzado una relación con un hombre que me amaba pero yo no lo reconocía, y eso fue muy fuerte para mí, saber que tengo un hombre en mi vida que me ofrece una vida maravillosa, sin haberme dado cuenta, así que fue mi bendición ese día reconocerlo.

No reconocía que a mi lado caminaba un hombre maravilloso, que ha sido hasta hoy una bendición en mi vida, yo estaba encerrada en que mis hijos se fueron y eso me llevó a una catástrofe horrible porque en mi mundo en ese momento nada me salía bien, no había creatividad, no había negocio, no había absolutamente nada, entonces no generaba, no podía ni tener un cuarto de $300, no podía pensar, mis emociones no estaban bien y recuerdo ese día agarre fuerte el volante y llore y dije no puedo más que voy a hacer con mi vida.

Me hablo una amiga muy querida y recuerdo que me invitó a la casa de Patricia Hernández Carrillo así que asistí a su departamento a recibir información de valor y esa charla de PNL y esa conversación que tuve después con mi amiga porque estuvimos como cuatro o cinco horas platicando tan amenamente hasta que llego el tiempo de despedirnos y me fui a mi realidad, llegué a mi carro y dije ya, se acabó el pesimismo, se acabó la queja, se acabó la víctima, se acabó todo, no soy yo, esto no es mío, no lo quiero, no lo acepto, soy una mujer fuerte, una mujer próspera, una mujer decidida, porque puedo, porque quiero y porque me da la gana, simplemente porque me da la gana.

Descolgué el teléfono llamé a mi pareja y le dije: tú sabes que la mujer que estás escuchando está pasando por esto, esto y esto, ¡¡¡esta soy yo!!! este es el pedazo de mi alma que es la mujer que tu no conoces, es la que está detrás de la que te dio la cara, pero en realidad está rota o aceptas caminar o te quedas, recuerdo que me dijo ven aquí y cuando me vio me abrazo fuerte y me dijo ¿porque eres tan orgullosa? ¿porque tienes esas ganas de pasar por todo lo que estás pasando sola? Por no mostrarte cómo eres, le dije no quiero que nadie me vea así y me dijo entonces ¿para qué me quieres? No estás en serio porque yo sí, si tú no, dime porque yo no me enamore de una mujer cobarde, me enamore de una mujer emprendedora, optimista y de esa manera fue donde más se fortaleció nuestra relación, le comencé a ayudar con el negocio y todo lo que había pasado en mi vida quedó atrás.

Fue la mejor decisión de mi vida mostrarme como una mujer real, entendiendo que soy una mujer muy poderosa, pero también tengo momentos de debilidad, entonces marcó mucha diferencia. Actualmente, tengo una vida muy hermosa, hemos crecido juntos y sé que seguiremos creciendo y le digo que sus fortalezas me han levantado y viceversa entonces tengo que aprender de él, tengo que aprender de mí y ahorita es una vida totalmente diferente, tenemos planes, tenemos proyectos, estamos trabajando duro por ellos y queremos ayudar a la comunidad en todo lo que podamos porque los dos somos de servicio, me siento muy feliz con mi pareja actual estoy muy agradecida con Dios porque esa noche pedí arriba y le deje el control a Dios así que mi vida cambio.

Hoy puedo decir que cuando una mujer está en ese estado es porque no tiene la información correcta, porque las mujeres somos muy inteligentes, pero si estamos de orgullosas y decidimos no contarle a nadie lo que pasamos, te quedas sola, así que hoy te quiero invitar a ti que estás leyendo este libro, mujer, no te quedes sola, busca ayuda, la ayuda siempre está ahí, tú siempre estás ahí, y por más reservada que seas, busca ayuda y tienes que identificar y aprender a tu alrededor para descubrir quién eres. Puedes confiar, pero no con cualquiera, porque son cuestiones del alma y bueno, uno no va a desnudar el alma con cualquiera.

A todas aquellas mujeres que están pasando por situaciones difíciles y complicadas les digo que sienten que no hay salida, quiero decirles que si la hay, soy el ejemplo de que si la hay, aprende a identificar y observa a tu alrededor ¿pregúntate a quien tengo?, ¿en quién puedo confiar? y de todos ellos busca ayuda psicológica, emocional y espiritual, porque cualquiera te ofrece pan o te da techo cualquiera te dirá ven a mi casa, pero ayuda emocional, esa ayuda no la da cualquiera, por eso te recomiendo que si estás pasando por situaciones como esta, busques apoyo y si en ese caso no tienes en quien confiar, abraza a tu fe, abraza a Dios, son los mejores brazos, yo abracé todo con fe, hoy recuerdo el momento que estaba en el volante de mi carro gritándole a Dios "ósea yo no tengo a nadie" y hoy entiendo lo que me decía él estaba preparando y me estaba renovando, ahora entiendo todo.

Fui muy atrevida con él y le dije no me encantas, recuerdo ese día diciéndole "si mis hijos vienen a pedirme ayuda" yo se las daría, mira que chantajista me vi yo, "ay no pues déjame morir de hambre" recuerdo abrazar ese volante y decir "tú sabes que sí inconscientemente hice algo mal y este es mi castigo, si esto es mi cosecha, pues me debes" fui como una caprichosa rebelde, atrevida, chantajista, pero ahora sé que él me estaba abrazando y estaba allí, conmigo porque a partir de ahí hizo un cambio en mi vida y ahora me arrepiento de haberle hablado así a Dios.

Hoy todos los días doy gracias a Dios por haberme puesto con mi compañero actual porque me ha bendecido como no tienen idea, Dios a través de él me ha bendecido emocionalmente, económicamente, y por muchas formas más, es un hombre maravilloso, fue la mejor decisión haberlo elegido y lo volvería a elegir porque hasta el día de hoy puedo decir que me siento bendecida de estar a su lado, hemos crecido juntos a pesar de que no comencé el negocio con él, creo que en los últimos años también le he aportado a el crecimiento laboral y vamos a seguir ascendiendo porque ese es el plan

¿Qué estrategia te puedo recomendar? ¡LA EDUCACIÓN!

La ignorancia nos lleva a la pobreza, cuando una mujer toma la decisión de educarse, no solo se logra educar ella misma, también lo hace por todo lo que la rodea y la educación siempre nos va a dar mayores herramientas por qué podemos ser independientes pero también queremos que nuestro entorno junto a nosotros crezcan es parte de nuestro propósito, pero edúcate, aférrate a libros a contenidos que sacas de internet, la información está en todos lados, pero no generes obesidad informática, aprende a seleccionar la información para que te lleve a tomar acción y marcar la diferencia para vivir hoy con gran felicidad.

Deseo con todo mi corazón que quien lea mi historia, sean mujeres que puedan hacer clic con mi testimonio, que encuentren paz, aliento y esperanza y sobre todo se den cuenta que siempre hay una vida mejor ya que siempre hay algo que más adelante nos está esperando, aprendamos a esperar, nada es para siempre y siempre, siempre, vamos a tener a alguien que crea en nosotros, Dios ya cree en nosotros y nosotros tenemos que creer en alguien más, abre tu corazón ese es el propósito de esta historia que quién la lea encuentre amor.

Mariana González

Sandra Cajina

Un día a la vez, porque el mañana no existe...

Hoy amanecí, hoy estoy viva, hoy estoy feliz y espectacular...

El presente es hoy"

Soy Sandra Cajina, nací en Nicaragua hace 56 años. Llegué a los Estados Unidos en el año 1987 a la edad de 21 años, con mi pequeño hijo de un año entre mis brazos. En ese entonces yo comenzaba mis experiencias de niña a mujer. Muy feliz y empoderada emprendí un viaje a mi nuevo destino, dejando atrás amistades, mi carrera Universitaria y mis vivencias. Acompañada de mi padre y mi hijo comenzamos un viaje a este país; mi madre había emigrado a los Estados Unidos con mis hermanos, y entonces fue cuando tomamos la decisión de seguir a nuestra familia. No fue fácil, porque en mi país era una joven con muchos sueños, y al llegar a los Estados Unidos todo era diferente. Una nueva vida, el idioma, las costumbres. Llegué a pensar que nunca me iba acostumbrar a este país. Pero con el paso del tiempo me enamoré de esta bella cuidad: Los Ángeles, California y me quedé haciendo una vida aquí. Fue el comienzo de una nueva vida, la cual desconocía, pero de la que ahora siento mucha gratitud.

Unos años después contraje matrimonio, fruto del cual nació mi hija Iris; una hermosa niña y mi segunda experiencia como madre. Durante el tiempo de matrimonio, compartí mi labor de madre y esposa. Era una joven llena de muchas ilusiones y metas por lograr. Mi dedicación era tanta, que compartía mis cuidados entre mi familia y el Restaurante que mi esposo tenía en ese entonces. Él trabajaba de noche, y yo, le ayudaba en el área administrativa.

En estos años aprendí a construir una familia y administrar un negocio. Por mi crianza dentro de un hogar latino, considero que existen valores muy fuertes que nos enseñaron respecto a las labores de un hogar, así que, mi esfuerzo y dedicación fueron encaminados a estos principios. El padre de mi hija fue una persona que en aquel momento se convirtió en un pilar importante de mi vida, ya que estaba todo el tiempo pendiente de nosotros, al cual estaré siempre agradecida. Fue un gran padre y buen esposo. Nunca me hizo falta nada económico. Él estaba muy dedicado al negocio y pasaron los años, los hijos crecieron y empecé a darme cuenta de que la mayor parte del tiempo yo estaba sola. Decidí comenzar a ser voluntaria en la Organización que se llamaba Familias Unidas en el área de North Hills, teniendo la oportunidad de certificarme en el área de la salud para ayudar a las familias con seguros médicos. De esta forma comenzó mi profesión en una clínica en el área.

Sin darme cuenta Dios me estaba preparando para uno de los desafíos más grandes de mi vida >El divorcio<. Para mi este momento fue como una sensación de derrumbarme, ya que, para mí, en mis creencias, el matrimonio debía ser para toda la vida. Ese desafío me hizo tomar muchas decisiones, respecto a las vivencias económicas y financieras.

Comenzaba una nueva etapa de mi vida haciéndome responsable económicamente de mi hogar, de mis hijos y adicionalmente tenía la bendición y el apoyo de mis amigas a las cual les agradezco: Lili y Orpha que fueron mis ángeles y estaban siempre pendientes de que no me hiciera falta nada económicamente a mí y a mis hijos.

Muchas veces la soledad y la tristeza invadía mi alma, pero amaba mi trabajo ayudando a las personas con sus servicios médicos y eso me ayudaba a llenar ese vacío. Mi hija Iris estaba siempre apoyándome, pasó de ser una hija a una madre. Ayudándome a ver siempre la luz en la oscuridad. Ella me daba la fuerza para aceptar mi verdad y buscar un cambio, un nuevo rumbo para mi vida. Recuerdo que me decía: "mi papá no va a cambiar; no te hace feliz y eso no es vida para ti" Eran palabras sabias de una adolescente para su madre. Me di cuenta de que mi hija tenía razón y tomé la decisión más difícil. Divorciarme.

Mi familia y mis hijos fueron un soporte muy importante en este proceso. Durante muchos años pasé sola dedicada a mis hijos. Este nuevo desafío me llevó a planificar cómo podía yo salir adelante sola y comenzar desde cero. Fue ahí donde organice el plan A y plan B. Mi Plan A era un salario en la clínica, donde sabía que al final del mes tenía garantizado mi cheque. Mi plan B era generar dinero extra a través de los seguros de vida, guiado por mi amiga Angela. Fue un gran cambio, pero amaba lo que hacía.

Combinaba el trabajo en la clínica con la venta de seguros de vida, y esta era la forma en la podía sostenerme económicamente. Le llamaba plan B, porque en la vida hay que tener varios planes; por si el plan A no funciona, tienes plan B que eventualmente se convertirá en el plan A. Empecé a trabajar en mí misma, en reconstruirme y sanar por medio de la palabra todos esos dolores que a veces llevamos muy dentro de nuestro ser. Fue sorprendente el proceso de autorreflexión y las experiencias que las personas que llegaban a la clínica me enseñaban. Muchas lecciones de vida: pasaba por un divorcio y muchas mujeres que llegaban embarazadas pensando muchas veces en abortar. A veces no tenía las palabras adecuadas para ayudarlas, pero juntas aprendíamos con el día a día a sanar.

Durante esta etapa, también recuerdo, comenzar a leer dos libros que me enseñaron mucho, los cuales uso como guía en muchos momentos de mi vida. "Muchas vidas, muchos maestros", cuyo autor es el "Doctor Brian Weiss" y "Los Pergaminos de Og Mandino". Texto que me impactó. Las obras llegaron por casualidad a mis manos y le puse atención a su contenido. Esta fue mi transición para llegar a construir mi vida laboral y profesional. Emprendedora (mi plan). Quiero pensar que siempre he tenido planes para mi vida… Unos sin ejecutar, otros ejecutados a medias y otros en construcción. Mi plan B, fue obtener una licencia para seguros de vida, lo cual logré con mucho esfuerzo. Tenía que alimentar a una familia y llevar la carga de un hogar. Fui saliendo de esas situaciones, igual que cuando un niño aprende a caminar y luego a correr. Así se fue construyendo la nueva Sandra profesional, emprendedora y ahora Empresaria.

Pasado un tiempo, falleció mi abuelita y vuelvo a mi país de origen Nicaragua, donde me reencontré con mi pasado. Regresó el papá de mi hijo y nuevamente decidimos establecer una relación, la cual duró alrededor de un año y medio. Volver significó tantas cosas en mi vida. Fue cruzar kilómetros de tierra para vivir la experiencia de haber dejado un país, una familia y una historia inconclusa.

De ahí mis raíces y mi lucha como una mujer que un día emigró a un país desconocido. Volver a Nicaragua fue un tránsito emocional y fue como el regalo que mi abuela me dejó en este mundo. Volví a sentir el amor, las voces de aliento y el amor de un ser que había regresado del pasado. Si bien solo fue un momento fugaz, fue lleno de mucho amor, ya que mi hijo compartió con sus hermanos y me recordaron lo bello que es el amor de una familia, de una pareja. Vivimos "momentos mágicos".

Así es como he llamado siempre a ese momento, porque llegaron en una etapa de mi vida muy difícil y para mi fueron mis otros Ángeles terrenales, que me colmaron de mucho amor. Transcurrió el tiempo y todo tiene un fin. Aprendí que en la vida llegan personas aliviar tu dolor y cuando ya cumplieron con lo cometido tienen que partir; lo entendí, y no fue fácil, pero ya era otra Sandra. Volvió la soledad. Pasaron varios años…

En 2014 aparece un hombre en mi vida llamado Rey que vino a cambiar mi mundo. A ponerlo de cabeza. Me enamoré otra vez. Caí derretida en el amor para empezar una relación sin compromiso, pero el tiempo pasó y comenzó a hacer cambios en mi vida personal y profesional apoyándome a emprender mi propia empresa. Decidí dejar el plan A, la clínica y convertir mi plan B en la prioridad y seguridad económica de mi vida. Comencé a hacer crecer mi negocio y emprender como toda una empresaria experta en seguros. Esto cambió mis expectativas, y me dio un nuevo respiro. Cambié mi forma de ver y vivir la vida. Me convirtió en una viajera imparable; recorrimos juntos paisajes y experiencias nuevas, buenas y malas.

Pero como venimos a este planeta a aprender, juntos recibimos una noticia inesperada, El Cáncer había llegado a mi vida.

Mi tránsito con el cáncer no ha sido fácil, lo asemejo a una montaña rusa con subidas y bajadas. Unas más duras y otras, que, por el proceso, se hacen cada día más llevaderas. Mis dolencias comienzan justo en un viaje a mi país de origen. Yo comienzo a sufrir de fuertes dolores de espalda, que no son los comunes y decido por sugerencia de Rey acudir al médico. El médico que me atiende decide enviarme a hacerme exámenes y chequeos, los cuales me realicé, también pedí adicionalmente que me hicieran un ultrasonido pélvico y otro de estómago, como un mensaje divino, ya que no sabía en ese momento qué me pasaba. Dos o tres semanas después, nuevos exámenes y a la tercera semana, visité a la ginecóloga que se encontraba con el doctor revisando el Papanicolaou. Todos mis exámenes salieron en ese momento bien, pero el examen de sangre CA 125 detectaba células cancerosas en el ovario.

El nueve de mayo del 2018, un día de las madres me confirmaban los doctores que tenía cáncer en el ovario, Cómo decirles a mis padres, mis hijos y mi familia. Es muy duro que te den esta noticia de la noche a la mañana. Recuerdo haber le dicho a Rey prométeme que no vas a decir nada de lo que nos acaban de decir, pero recibí la llamada de mi amiga Zhayra, a quien considero otro ángel en esta tierra. Ella me pregunta, ¿Cómo te fue en el Dr.? yo le doy la noticia y le digo que no le voy a contar nada a nadie porque yo no quería que mi familia se preocupara por mí.

Ella me dice: ¡No! tú vas a compartir esa noticia y le vas a decir a cada una de las personas que te aman. "El compartir un pedacito del dolor que estas sintiendo, la carga será menor".

Gracias también al apoyo de Griselda y Blanca otros ángeles que han estado en mi vida en tiempos difíciles.

Al momento de darles la noticia a mi familia, mis padres nos esperaban en casa y les pregunte: Tengo dos noticias, una buena y una mala. ¿Cuál quieren escuchar primero?, Mi madre dijo: la mala noticia primero y le dije: ¡Me diagnosticaron con cáncer! y la buena noticia es que: ¡Si hay tratamiento! Así que decidí transformar esa noticia negativa, en algo positivo.

Aquí empiezo a darme cuenta de que tengo que empezar a vivir mi vida, un día a la vez y que tenía que aprender a usar el poder de la palabra.

Así empezó el proceso; con una rutina de ver doctores, exámenes, tratamientos y experimentar cambios físicos y psicológicos que sólo puedes entender cuando lo experimentas. Dos meses después, el 9 de julio del 2018, tuve una intervención quirúrgica en la que me extrajeron el cáncer de los ovarios. Una etapa nueva, pero que la vida me estaba haciendo que experimentará un proceso que a pesar de que fue difícil, en ese momento, la enfrentaba con mucha fe, amor y con la ayuda de Dios, de mi madre especialmente, que me dio la fuerza para levantarme en los momentos más difíciles donde yo perdía la fe. Gracias a mi padre que apoyaba a mi madre en todo momento, a mi hijo que fue un ángel para mí que estaba siempre junto a mi cama, a mi hija, amigos y toda mi familia y por supuesto a Rey mi compañero de vida.

En esos días hospitalizada me tocó celebrar mi cumpleaños. Estaba llena de incertidumbres, y aunque fue doloroso pasar por ese proceso, el amor de todos me hacía sentir con menos dolor esa experiencia. Estuve siempre rodeada de ángeles, en compañía de mis primas, mi amiga Ruth y toda la familia celebrando ese día. Nunca me explicaron el procedimiento al cual iba a enfrentarme tanto emocionalmente como físicamente, cada día era una experiencia nueva, un reto nuevo, pero seguía ahí, muy fuerte y con la esperanza de vivir.

Un mes después, la vida me lleva a un nuevo viaje junto con mi compañero de vida. El proceso de la quimioterapia comenzaba y juntos de la mano íbamos a una nueva experiencia, un nuevo viaje desconocido, donde el llanto y la tristeza invadían mi alma. Aunque el dolor era menos por la calidez y compañía que sentía de mis familiares y amigos, no dejaba de ser una prueba difícil. Agradezco a todos los que me visitaban en mi nueva casa en ese momento, el hospital. Esta vez la vida me tenía viajando por lugares desconocidos, explorando mi cuerpo, mis emociones, la experiencia de la caída de mi cabello y Rey siempre dándome las palabras más tiernas de amor en la intimidad: "vamos amor que te ves hermosa" y turnándose los horarios con mi madre y mis hijos, mi hermana Brenda , mis hermanos , cuñadas (en especial a Vanessa) y toda la familia, Incluso, las enfermeras se sorprendían de la compañía y la cantidad de personas a las que recibía, aun cuando el dolor físico y emocional era mucho. Las náuseas y el dolor de mis huesos era parte de mi viaje para conocerme, la vida me estaba enseñando un mundo desconocido.

¡Si! Ese fue parte de mi proceso para llegar a conocerme. Pase la frustración, la tristeza, la impotencia, pero había una fuerza más fuerte y superior, el poder de Dios que sabía todo lo que mi corazón y cuerpo sentía.

El 2018 terminaba para comenzar un nuevo año, el mejor año de mi vida. El 2019, donde ya había crecido a través de la experiencia, donde en mi viaje lloré, reí, sufrí y me convertí en lo que ahora soy. En abril del 2019 estaba muy feliz y positiva, había terminado mi proceso de quimioterapia, estaba ilusionada del momento de mi cita médica. Cuando el doctor me dio la noticia que el cáncer aún seguía ahí. Sentí como la explosión de una bomba en todo mi ser, el viaje aún no había terminado y ahí vamos todos juntos en el proceso de la segunda etapa de quimioterapia. Ya había experimentado y la vida quería que aun siguiera aprendiendo. En todo este proceso aprendí a trabajar desde un hospital y en casa.

Mi negocio en la actualidad son Seguros de Salud a través de Obama Care, Covered California, Medicare; y tengo licencia de no-residente en Nevada, Florida y Arizona. En el 2020 el cáncer me da un descanso y mi cuerpo empieza a recuperarse. Toda la pandemia me ocupe de sembrar plantas, de cuidar de mi salud en medio del coronavirus y en marzo del 2021 me vuelven a decir que posiblemente vuelvo por tercera vez a quimioterapia, pero al final el Dr. determinó que mejor me aumentaría las pastillas de quimioterapia para ver si se podía evitar la quimioterapia. Hasta esta fecha sigo con ese tratamiento, pero en mayo del 2022 me dicen otra vez que hay nuevos nódulos de cáncer y que las posibilidades de volver a quimioterapia son más del 90%.

Hace poco tuve una nueva cita médica pero esta vez iba más segura y con mucha fe en Dios, declarando todo a positivo, usando el poder de la palabra, creyendo que todo iba a estar bien…

El nuevo Oncólogo me dio la buena noticia que no recibiré quimioterapia sino un tratamiento para fortalecer el sistema inmunológico.

Así que sigo aquí en el momento presente con mis chequeos cada tres meses y debo hacerlos rigurosamente, ya que el cáncer de ovario es muy agresivo.

Recalco mucho la importancia que ha sido tener a mi familia, en todo momento de este largo proceso, pues son el pilar y la fortaleza para continuar. Además de todos esos ángeles convertidos en amigas y otras personas que han aparecido en mi vida. Mi mamá quien me ha levantado del hoyo negro y me ha devuelto las ganas de vivir. Mis hijos, mis hermanos que viven el proceso como cuidadores y son un apoyo incondicional. También ese compañero de vida que me ha soportado, limpiado mis lágrimas, que me ha cortado mi pelo y ha aprendido a hacerme mis cejas, con las instrucciones de mis sobrinas; y ha visto la belleza aun cuando ni yo crea que puede existir en mí. Rey me decía: "esta bella pelona, te luce" y eso para mí fue muy importante. Estaré agradecida con él por todo su apoyo y todas las personas que han colaborado en mi proceso de vida.

Yo soy mi propia coach, que me empodero, si me caigo me levanto una y mil veces con el poder de Dios. Que no existe hueco tan profundo del que no podamos salir y que sí mi cuerpo habla es porque he cargado con dolores y muchos vacíos que ahora estoy afrontando.

Debemos aceptar las crisis y rodearnos de personas que nos puedan ayudar a aligerar esas cargas. En esta nueva etapa, estoy aprendiendo de la conexión con las plantas. Estoy aprendiendo del poder sanador de la palabra, de contar y sacar con palabras el dolor y el sufrimiento. Aproveché la naturaleza, el mar y la inmensidad del verde para entregar mi dolor.

Todas las personas tenemos diferentes maneras de expresarnos y hay que buscar la propia, desde adentro, que es lo que ayuda a salir adelante, reemplazar los pensamientos negativos para dar lugar a los positivos.

Ahora veo las fotos de mi pasado y de todo mi proceso y lo veo como una Gran bendición, ya que he llegado a mi máximo poder de conexión con Dios, con mi pareja, familia, amigos y clientes. Me digo a mí misma Wow ¡Eres un Ave Fénix Sandra! estoy orgullosa de ti, me veo bella y espectacular. Recuerdo siempre esta historia que un día escuche, de un autor desconocido.

Se dice que los seres humanos y el majestuoso ave fénix tenemos muchas similitudes. Esto es porque una parte de nuestro ADN lleva integrado estos genes, podemos activarlos adentrándonos a nuestro Universo, creando y expandiendo nuestros valores. Según Ovidio cuando el fénix ve llegar su final, construye un nido especial, con ramas de roble y lo rellena con Canela Nardos y mirra, en lo alto de una palmera. Allí se sitúa y entona la más sublime de las melodías ¡Expira! y al tercer día es capaz de renacer de sus propias cenizas, a través de su resiliencia. Surge un nuevo Fénix con más fuerza, más valentía y más luminosidad.

Cuando es lo suficientemente fuerte, lleva el nido a Heliópolis en Egipto y lo deposita en el centro del sol. Un nuevo ciclo acaba de iniciarse, así como un alquimista de emociones polariza lo negativo a positivo, siendo conscientes de que ambas partes forman parte de lo que llamamos el todo. La resiliencia implica reestructurar nuestros recursos internos y que aprendamos a crear unos nuevos, sobreponernos a nuestras adversidades con la ayuda de nuestra brújula interior y nuestros valores e ir más allá de lo que habíamos ido hasta hoy.

Este proceso me enseñó a entender que la palabra tiene poder y que las muchas vidas no son solo muchos maestros sino los ángeles que Dios ha puesto en mi vida, ahora sé que SÍ SE PUEDE vivir un día a la vez.

Gracias, a todos los que siguen este viaje conmigo.

Escribir esta parte de mi historia, no hubiese sido fácil sin la compañía de estos seres que me cuidaron y estuvieron en mi proceso: A mis padres, hijos, a Rey, nueras y yerno; a mis hermanos y hermana, cuñadas, cuñados; a mis sobrinas, a mis sobrinos, primos y primas; A mis amigos y amigas; a mis clientes y demás personas. En verdad a todos los que han estado en mi proceso y aún me acompañan con su amor y afecto.

Sandra Cajina

Valeria Contreras

No hay imposibles...

Mi historia comienza con una noticia que a cualquiera mueve el piso. Mi madre cuenta que todo transcurrió normal, asistía cada mes a las citas con el ginecólogo y nada estaba fuera de lugar. Fue en el cuarto mes de embarazo que el doctor le da la noticia de que yo... Valeria, tenía una condición especial... síndrome de Down.

A partir de entonces las cosas en el embarazo de mi madre se complicaron, tuvo sangrados que amenazaban la salud tanto de ella como la mía. Mi mamá me mostraba el gran amor que sentía por mi desde ese entonces al cuidarse y no tomar ningún riesgo, dejó de trabajar y descanso lo más que pudo para poder lograr que yo naciera.

Mi familia platicó de mi condición desde el momento en que supieron de ella, sintieron tristeza, pero eso no fue impedimento para amarme, aceptaron y compartieron momentos muy valiosos que fortalecieron los lazos entre ellos para recibirme, nunca renunciaron a mí.

Mi mamá siempre dice que cuando yo nací, fui la alegría de la casa, a pesar de todo el miedo que sintieron mis padres me recibieron con mucho amor, alegría y esperanza.

Cuando cumplí un año, como algo propio del síndrome, fueron saliendo diferentes problemas físicos y de hábitos. Mis padres tuvieron especial cuidado en mi alimentación y me orientaron para que yo creciera y me pudiera integrar a una sociedad que no está preparada para recibir a personas con condiciones distintas a las que estúpidamente se consideran "normales".

Durante un tiempo me era imposible hablar, ya que mi lengua estaba pegada y representaba un gran reto para mis padres el que pudiera expresarme. Ellos jamás se rindieron, me daban todas las atenciones médicas y terapéuticas necesarias para mi buen desarrollo y ellos no se quedaban atrás, asistían a reuniones de apoyo que ofrecía el estado, buscaban estrategias para ayudarme. Gracias a todo ese esfuerzo ahora puedo expresarme por medio del habla.

También fruto de este esfuerzo es que soy una mujer segura, mi madre cuenta una anécdota de cuando yo estaba en el kindergarten. Dice que, para el primer día de clases (a los 4 años) yo ya decía varias palabras entre ellas "mamá y papá". Cuando me dejó en la entrada yo caminé muy segura de mí misma con mi mochilita y le dije: "adiós, mamá". Creo que desde entonces luchamos juntas por mi individualidad.

Viví una infancia maravillosa, mis padres se esforzaron bastante para que yo tuviera una vida digna y mágica, recuerdo que dos años antes de mis quince padecimos una situación muy triste en la familia porque mis abuelos maternos fallecieron, por lo cual el momento tan esperado por mí, mi fiesta de quince años fue opacada por la tristeza que ocasiono estos dos sucesos, porque en ese momento deje de escuchar quien me dijera ¡¡¡ chula, chula... hazme caso!!!

Por lo tanto, eso fue lo que más extrañe en el día de mi fiesta, que mis abuelos no estuvieran ahí sin embargo fue el día más hermoso de mi vida "MIS QUINCE AÑOS" donde tuve una fiesta con más de 500 invitados en donde yo me sentía la princesa más hermosa del universo, hubo gracias a mis padres una sorprendente fiesta echa para mí, me encuentro muy agradecida por los papas que me han tocado, recuerdo que estuve muy feliz cantando con el mariachi y mi tía Nelly, bailando y hubo varias sorpresas que me hicieron la mujer más feliz.

Yo quiero ser una mujer independiente... YO SOY una mujer independiente, Terminé mis estudios, he trabajado en varios lugares, sé manejar cobros en caja y también he trabajado almacenando ropa. Sigo recibiendo ayuda de programas para sumar habilidades y destrezas a mi vida.

Sin duda alguna, lo que más me gusta es asistir a clases de zumba... "amo mi baile". Me mantengo activa para cuidarme y sobre todo para divertirme, a parte me gusta convivir con otras personas y hacer amigos.

Estoy muy contenta porque actualmente estoy en un programa donde me enseñan inglés, tengo muchos amigos y nos ayudan a ser más activos.

Tienen actividades artísticas como música, pintura, fisioterapia, etc. Realmente me siento feliz ahí y no pienso fallar a ninguna de mis clases nunca.

Yo tengo 2 hermanos más grandes que yo, que tienen ya su familia. Compartí con ellos un gran momento, viajamos a Cancún, México.

Conocimos también la Riviera Maya que es una parte de playa muy bonita, Xcaret entre otros lugares.

A pesar de que tengo una buena relación con mi familia, a veces soy un poco enojona, me frustro por cosas que no me parecen y no me gusta estar diciéndoles.

La mayoría del tiempo me enojo con mi mamá, por cómo me dice las cosas (ella es de Sinaloa y habla muy fuerte, como toda mamá Latina) pero sé que debo respetarla. Sobre todo, porque lo que me dice es por mi bien para crear las rutinas que guían mi vida.

En los momentos más bonitos y en los más difíciles ha estado mi familia a mi lado. Me ha dolido mucho que algunos de ellos ya no están aquí, pero me siguen cuidando desde el cielo.

En alguna ocasión unos compañeros trataron de manipularme y de sacarme de mi círculo de amigos, es difícil porque no quieren compartir los espacios o experiencias conmigo, me hacen caras feas, pero eso no me impide seguir intentando, creo que soy una persona buena y de buen corazón y se los hago ver, les comento cómo me hacen sentir y que me da coraje que sean así conmigo, porque eso que hacen está mal, para mí y para las demás personas. Pero al final yo los perdono porque es lo correcto.

Tengo unos amigos que a veces me dicen cosas cómo hacen muchos dramas y yo les digo que yo quiero compartir con ellos aunque a veces me doy cuenta que ellos se portan mal y les digo yo no puedo hacer lo que ustedes quieren si quieren ser mis amigos yo espero respeto no me gusta me hagan una cara de fuchi y siempre les digo saben que ustedes están portando muy mal conmigo y yo quiero convivir con ustedes si no me salgo de ahí yo me siento un poquito enojada frustrada me sacan la onda porque no me gusta que se quejen y peleamos eso está mal para mí.

Querida lectora, quiero comentarte que sé que a veces pensamos que lo que estamos viviendo no tiene solución, pero te puedo decir que todo en esta vida es posible, solo que hay personas que debemos esforzar más para lograr lo que tanto queremos. El truco está en tener una buena red de apoyo y no rendirse nunca.

Yo vivo feliz de la vida, sigo adelante, hago lo que me gusta, me dejo ayudar por las personas que me aman, me esfuerzo y trabajo para ser mejor cada día, y esto mismo te recomiendo hacer por ti.

Lo importante de todo es que no entre en ti lo negativo en tu vida, lograrás lo que te propones echándole ganas todos los días, así se vive y se sale adelante… no hay imposibles.

Yo admiro mucho a mi mamá, porque en toda mi vida en mis 24 años no ha estado en negación, de hecho, ella participa en grupos de ayuda donde recomienda a mamás con niños especiales que no lo nieguen, que reciban con amor el gran mensaje que Dios otorga por medio de nosotros.

Les agradezco a mis padres por todo el apoyo, amor y valentía que han tenido durante mi vida para hacerme una mujer llena de cualidades y bendiciones que actualmente puedo disfrutar y sentirme orgullosa porque a pesar de mi particular cualidad que el síndrome me otorga me veo más desarrollada que muchos de mi generación y adolescentes que en este momento están padeciendo la falta de amor a su alrededor que soportan con incomprensión y los lleva a enfermedades mentales tales que los llevan a decidir erróneamente autodestruyéndose, puedo decir que mi vida ha sido muy bendecida y sé que seguiré viviendo dignamente tal y como mis padres me han dado la oportunidad de vivir… ¡Gracias papitos!

Valeria Contreras

Yesika González

Esta no puede ser una historia típica con un comienzo tentador, enredos trágicos y un final climático. Esta historia aún no ha terminado. El enfoque está en el tiempo presente; mi estado actual de ser y mi éxito actual continúan multiplicándose.

Actualmente, vivo con mi madre. Tengo nuevas oportunidades de negocio, pero aún no he cosechado los beneficios. Soltera durante más de cuatro años después de una relación de 12 años sin hijos. He desarrollado muchas nuevas habilidades de afrontamiento y una enorme comprensión espiritual. Tengo miedo de servir a los demás en su sanación. En mis primeros cuarenta años he avanzado sin una dirección específica. Todavía estoy en el viaje de autodescubrimiento y creando la vida que más anhelo tener.

Me pregunto por qué decidí escribir sobre mi vida, que habla de triunfo y superación de retos muy difíciles. He superado la mayoría de mis karmas, bloqueos, luchas y desafíos que ocurrieron por experiencia o fueron heredados por mí.

Lo que no están viendo es cómo veo mi situación actual. Una sonrisa abraza mi rostro mientras escribo esto. Los ojos son alegres. Mi cuerpo está lleno con energía emocionante. Mi alma está llena de satisfacción. Mira, aprendí a ser agradecida en cada momento. Nada es para siempre. Es mejor centrarse en el significado y el propósito más amplios de una situación. Ama incondicionalmente. Lo más importante es que he aprendido a mantener la fe en mi Altísimo, porque siempre hay una razón útil.

Estoy comenzando mi vida de nuevo, como si alguien presionara el botón "Restablecer" sobre mí, pero doy la bienvenida a esta segunda oportunidad para crear una nueva vida. Permítanme comenzar a explicarlo.

Vivir con mi madre no es fácil. Estoy seguro de que es común que la mayoría de los adultos piensen de esta manera. Hay tantas diferencias de opinión sobre cómo vivir, quién ser, cómo resolver circunstancias difíciles, cómo ser feliz, etc. La más simple de las cosas como "¿Qué hay para cenar?" puede ser tan agravante. En realidad, la pregunta de la cena también fue agravante cuando viví con mi expareja, por 12 años. Tal vez, esta es una pregunta agravante cuando ninguna de las partes puede tomar una decisión y decide enojarse con la oposición. De todos modos, mi situación de vida tiene margen de mejora, y lo acepto con gratitud.

Esta puede ser una gran oportunidad para mejorar mi relación con mi madre al comprenderla mejor, perdonarla, aceptarla y comprender cómo permitirle influir en mí, sin sacrificar mi autenticidad. Además, me ayudará a perdonarme a mí misma cuando era injusta y egocéntrica. Se puede hacer lo mismo conmigo. Tiene tanto en el pecho que difumina pedazos de vez en cuando. Los atrapo mucho más de lo que ella piensa, así que aprovecho la oportunidad para "hablar" con ella, para liberar cualquier emoción negativa. Esto nos permite a ambos sanar y crear una mejor relación. Nuestra relación no es la típica relación madre-hija.

Comencé a cuidar a mi madre cuando tenía cuatro años. Me preocupaba por ella. Mi madre tiene epilepsia, y sus convulsiones fueron muy frecuentes durante la mayor parte de mi vida. Tenía un hermano mayor que me ayudaba y sufría los horribles eventos junto a mí. Principalmente fui designada para estar a su lado. Recuerdo todavía tan vívidamente muchas situaciones traumáticas en las que tendría una convulsión inesperadamente sin posibilidad de prevenir lesiones.

Una vez, cuando tenía menos de cinco años, mi madre y yo estábamos en un autobús que viajaba desde el hospital a nuestra casa, cuando tuvo una convulsión. Estaba sola con una madre que se supone que era mi tutora y protectora, ella está convulsionando en el piso del autobús mientras extraños se esfuerzan frenéticamente por ayudar. No podría haber estado más asustada, sin saber cómo avisar a los miembros de la familia. Estaba asustada de no saber lo que sucedería después, si mi madre estaría bien después de recuperar la conciencia.

Sus despertares fueron tan traumáticos como sus heridas. Se comenzó a despertar, pero ella no recordaría mucho y estaría en un estado letárgico por un tiempo. Tendría que dormir durante un par de horas para recuperar la plena conciencia, la memoria y la fuerza física. Llamaron a la ambulancia y terminamos en el hospital. Afortunadamente, mi madre había sufrido lesiones menores y el personal me permitió permanecer a su lado la mayor parte del tiempo. Más tarde, cuando ella tomó conciencia, llamamos a mi abuela para hacerle saber que estábamos bien. Luego mi madre fue dada de alta, y nos subimos a otro autobús, llegamos a casa a altas horas de la noche.

Este fue un buen evento, porque otros tiempos fueron mucho peores. Otra vez que recuerdo que un domingo por la mañana, cuando mi hermano, mi abuela, mi madre y yo salimos de nuestro apartamento en el segundo piso, mi madre comenzó a convulsionar en la parte superior de la escalera de nuestro complejo de apartamentos de dos pisos. Traté de extender la mano y agarrarla. Pero yo estaba demasiado débil, y ella se deslizó directamente de mis manos. Tenía siete años en ese momento, así que no tenía ninguna posibilidad de evitar su caída. Todo lo que mi hermano y yo podíamos hacer era observarla mientras golpeaba rápidamente la escalera con su cabeza.

Luego bajó las escaleras mientras estaba rígida por las convulsiones. Ella no pudo protegerse y en su lugar tuvo una caída devastadora con múltiples golpes duros. Los miembros de la familia y los vecinos se apresuraron a ayudar, mientras mi hermano y yo gritábamos y tratábamos de ayudar lo mejor que podíamos. Tardó días en recuperarse de todas las lesiones físicas. Le ha llevado toda una vida recuperarse de todas las emociones y pensamientos que esta enfermedad le causó. Constantemente se sentía como si fuera una madre insuficiente, incluso hasta el día de hoy, a veces vuelve a esa dura crítica de sí misma.

Sentí como si mi madre fuera más como una hermana mayor que tenía que cuidar, y mi abuela era más una figura materna. Mi hermano sentía lo mismo. En nuestra adolescencia, mi madre se cansó de que la llamáramos por su nombre. Madre era la única manera en que quería que la llamáramos y mi hermano y yo lo pasamos más difícil. A esa edad no sabíamos entender que ella era nuestra madre sin importar las circunstancias. La relación entre mi madre y yo en ese momento estaba completamente distorsionada por su enfermedad. Esta distorsión hizo que ella quisiera controlarme más que un padre promedio, pensando que si al menos podía controlarme, podría protegerme y sentirse como una figura materna.

A medida que comencé a envejecer, la frecuencia de las convulsiones de mi madre disminuyó. El milagro de la mezcla correcta de medicamentos finalmente la ayudó a obtener una vida normal. Además de eso, me dediqué a enseñarle un nuevo camino, nuevas creencias y recuperar su confianza. Su fe también fue un factor importante. Ya sea que creas o no, el poder de la fe no es más que asombroso.

Entonces comencé a ganar una vida normal también. Todavía luchando con ella por los métodos de control y sus obstinados puntos de vista tradicionales, me sentí lo suficientemente valiente como para comenzar a defenderme. Tuvimos muchos desacuerdos que nos hicieron desfilar emocionalmente. Nunca abandoné a mi madre, pero definitivamente me alejé en las opciones y creencias de estilo de vida.

Ahora siento que es hora de sanar de todos los eventos traumáticos y las diferencias entre ella y yo. Esta no es la primera vez que vuelvo a vivir con ella y lo digo con orgullo. De ninguna manera creo que sea fácil, pero estoy muy agradecida. Mi madre también está muy agradecida de tener la capacidad de ayudarme financiera y emocionalmente. Finalmente, ella llega a ser el proveedor que siempre quiso ser. Espero que mientras lee esto, se dé cuenta del regalo que ha sido para mí y para otros miembros de la familia.

Nuestra familia se ha mudado aproximadamente una vez al año debido a nuestros problemas de bajos ingresos. Hemos sido desalojados de unidades de alquiler varias veces. Debido a las nuevas leyes laborales, los empleadores tenían demasiado miedo de emplear a alguien con esta condición y siempre la despedirían o simplemente terminarían su empleo. Además de mi hermano y yo, mi madre asumió la responsabilidad de dos primos, cuya madre acababa de fallecer. Fue una bendición para mí, porque sentí que tenía más familia con la que compartir mi vida. Por supuesto, todos tomamos caminos diferentes. Cuando llegamos a la edad de trabajar, todos nos separamos, y mi madre y yo nos mantuvimos juntas. Todavía sufría de dificultades financieras, pero al menos pude trabajar y comenzar a complementar el dinero que le faltaba. Mi abuela también ayudó tanto como pudo.

Finalmente, un año descubrimos que mi madre y mi abuela calificaban para la discapacidad. Esto fue un cambio de juego porque tan bajos como eran los ingresos, era suficiente para que todos nosotros compartiéramos un techo sobre nuestras cabezas. Por último, no más desalojos. Nos alojamos en un apartamento por más de 5 años. Todos los miembros de nuestra familia comparten y aman los recuerdos en ese apartamento. Mis primos y mi hermano se mudaron mientras volvían a superar su independencia una vez más. La sensación de estar apretado era estresante, pero muy reconfortante y maravillosa. Nada como pasar las fiestas con un hogar lleno de familia y nuevos miembros, cuando comenzaron a nacer bebés. Echo de menos esos días.

Bueno, la vida continuó. Me mudé por mi cuenta a la edad de 25 años. Mi madre todavía tenía convulsiones, pero rara vez, tal vez una al año. Dos años más tarde, mi abuela falleció y mi madre tuvo que mudarse a su propio lugar por primera vez en toda su vida, a la edad de 48 años. La mudé a su propio apartamento. Era devastador para ella, pero no lo entendía. Vivía con mi novio en ese momento. Sentí que necesitaba seguir adelante con mi propia vida. Nunca la dejé desatendida. Hubo visitas intermitentes y llamadas telefónicas para asegurarme de que no tuviera una convulsión sin nadie que la atendiera. Mi primo también la visitaría, ya que mi hermano se había mudado a Las Vegas en ese momento.

Fue difícil para mí tratar de vivir dos vidas, la independiente y la que tiene un dependiente. Esto causaría conflicto entre nosotros, ya que ambos no podríamos ponernos en los zapatos del otro. En este punto, mi madre comenzó a tener menos convulsiones y el milagro de estar en su propio lugar, sola, por lo que nuevamente le doy mi homenaje a Dios, al médico y a todas las conversaciones terapéuticas entre ella y yo.

Por esta razón honro la ayuda de mi madre. Ahora puede venir por mí y por mi hermano. Estaba pasando por momentos muy difíciles. Conduje a Las Vegas para recogerlo y llevarlo de regreso a la casa de mi madre. Allí vivió durante dos años tratando de sanar la separación con su novia de mucho tiempo y su hijo adolescente. La relación entre ellos fue difícil debido a las adicciones de mi hermano y su indiferencia debido a la situación.

Mi hermano tenía una lesión en la espalda, por lo que los medicamentos se convirtieron en su alivio número uno para el dolor físico, pero lo más importante, emocional. Esto fue aún más dañino para él, que ha tenido múltiples úlceras y cáncer de estómago. Sin saberlo, mi madre y yo hicimos todo lo posible para ayudarlo en todos los sentidos. Recuperó su salud y comenzó a ser productivo de nuevo. Pudo lograr varias metas que tenía para sí mismo y pudo visitar a su hijo. Fue el consejero, confidente y héroe de su hijo. Su hijo fue uno de esos agregados a la familia que todos compartimos una vez en un apartamento de dos habitaciones en el que todos vivimos en un momento dado.

Mi hermano vivió con mi madre durante dos años hasta que tuve la oportunidad de alquilar un condominio de 2 habitaciones para que lo compartiéramos. Recientemente me había separado de mi novio. Estaba feliz de ser su compañera de cuarto. Ambos obtuvimos nuestra independencia una vez más y pudimos compartir ese sentimiento. Hicimos que mi sobrino nos visitara y pasara unos días con nosotros. Fue mágico tenernos a todos de nuevo.

Por supuesto, esto duró poco. Solo dos meses después de vivir en ese nuevo espacio, ocurrió el evento más trágico que cambió la vida. Una noche, recogí a mi madre del hospital donde había visitado a su hermana.

Juntas llegamos a mi casa para recoger a mi hermano, así que salimos a cenar. Una vez dentro de la casa, llamamos a mi hermano, la puerta de la habitación estaba cerrada. Tocamos la puerta y gritamos su nombre, pero no hubo respuesta. Mi madre se dio cuenta de que la puerta podía abrirse desde el exterior. La imagen permanecerá conmigo para siempre y no puedo imaginar cómo afecta también a mi madre. Mi hermano había fallecido en la cama debido a una hemorragia interna. Mantuvo en secreto que todavía tenía el cáncer de estómago y las úlceras, que finalmente terminaron con su vida.

Todo lo que pensé fue en lo culpable que me sentía por alejarlo de ella. Al mismo tiempo estaba agradecida de que esto no hubiera sucedido en su apartamento. Pensé en mi sobrino y en lo devastador que iba a ser perder a su padre a la edad de 17 años. Más tarde pensé en lo agradecido que estaba de que pudieran compartir un viaje a Universal Studios una semana antes del fallecimiento de mi hermano.

Estaba segura de que mi madre recaería y comenzaría a tener convulsiones con frecuencia de nuevo. No podía quedarme en mi lugar por esa razón y por mi propia cordura también. No podía desnudar la idea de quedarme allí. Mi familia se reunió y me apoyó mucho. A través de todo el amor y el apoyo, mi madre se mantuvo fuerte. Desgarrada, extremadamente triste y con el corazón roto, pero triunfó, lo superó como lo haría cualquier otra mujer fuerte. A través de su fe, aceptación y comprensión de que esto era para su hijo y no para su propio bienestar. Ella conocía y entendía la misericordia de Dios contra su sufrimiento. La paz vino de saber que ya no sufría. Por supuesto, todos sus pensamientos volvieron de nuevo, su duro juicio contra sí misma. Esto es algo en lo que todavía está trabajando hoy. Estoy segura de que lo superará una vez más.

Lo único que la mantuvo en marcha fue su nieto. La importancia de mantenerse fuerte para él era crucial. Todos nos mantuvimos en contacto y nos mantuvimos cerca el uno del otro. Mientras vivía con ella, también me ayudó a recuperar mi alegría y emoción por la vida. Era importante para mí ser fuerte para mi sobrino y mi madre. Después de más de un año, decidí que era hora de mudarme una vez más.

Surgió la oportunidad de vivir en una casa de huéspedes en Malibú y la aproveché. Este fue un trato proporcionado por un cliente mío, y sentí que sería bueno para mí estar en un lugar lleno de naturaleza. Un lugar donde puedo sanar y donde mi familia también puede sanar. Tenía a mi familia y amigos con frecuencia. La parte más emocionante y sincera fue cuando mi sobrino se mudó durante casi un año.

Qué honor tenerlo viviendo conmigo y llegar a ser un apoyo para él. No solo financieramente, sino también emocionalmente. Me convertí en una parte integral de su desarrollo, y todavía me siento honrada por ello. Finalmente regresó a Las Vegas, ya que todavía está tratando de encontrar su camino y poco después de que terminara mi trato. Ahora aquí es donde termino mi historia, donde cuento sobre cómo terminé en casa de mi madre una vez más.

Mi vida profesional era muy similar a mi situación de vida, cambiando constantemente. Debido a los problemas financieros cuando estaba creciendo, había decidido comenzar a trabajar a los 13 años. Fui de un trabajo a otro, ya que era muy difícil conseguir trabajo a la temprana edad. Intenté volver a la escuela después de obtener mi GED a los 17 años, pero simplemente no funcionó por varias razones.

Finalmente, un día, renuncié a mi sueño de convertirme en médico. Luego me conformé con ser escritora, luego maquillarme y luego lo que me pagó bien y lo disfruté. A lo largo de mi joven vida, trabajé en muchos campos y puestos de trabajo diferentes. Había tenido ganas de tomar varios cursos, hasta que encontré lo que más me llamaba la atención, pero no parecía entenderlo. En cambio, continué a través de trabajos que cambiaron mi vida para aumentar mis ingresos y potencial. A mis veinte años estaba trabajando en el campo de la medicina. Allí fui feliz, porque estaba en el campo que siempre quise estar. Sobre todo, porque la curación, que era mi pasión.

La industria médica no era lo que esperaba. La parte de cuidar a los pacientes fue gratificante. Correr pruebas de laboratorio, fue la parte emocionante, descubrir qué condición tenía el paciente al interpretar los resultados de la prueba. Además, trabajar en el laboratorio como asistente de laboratorio me permitió aprender mucho sobre ciencia. La parte que no me entusiasmó fue cuando me ascendieron a trabajar en el departamento de facturación. Qué revelación tan decepcionante sobre cómo funciona el sistema de seguros. Cómo las personas no reciben la atención médica que necesitan sólo porque las compañías de seguros establecen un cierto protocolo. Por ejemplo, si el médico descubre una erupción, el primer paso es recetar un ungüento tópico. Luego se le pide al médico que espere y vea si funciona. Una vez que el paciente regresa quejándose y con condiciones empeoradas, se ordena un trabajo de laboratorio para descubrir la causa. Por supuesto, los rasguños de piel y el trabajo de laboratorio se dejan como último recurso. Esto se debe al ahorro de costos en nombre de la compañía de seguros. Aspiro a crear un movimiento algún día para crear conciencia sobre este delicado tema.

Por esta razón, dejé la industria médica y comencé a trabajar en la industria de la construcción. Qué sorpresa presenciar que la industria de la construcción también era tan corrupta como la industria médica. Hay tantas jugadas sucias por parte de los profesionales y los clientes. Pero descubrí que, al abrir mi propia empresa, influyo y creo un cambio. Por lo tanto, abrí mi propia empresa de gestión de proyectos y he podido dirigir a profesionales y clientes en la dirección correcta. Esta fue una influencia beneficiosa para todos los involucrados. Aprendí mucho. Ahora tengo el conocimiento y la experiencia para abrir otra empresa como contratista general. Además de eso, puedo hacer crecer mi clientela a otros campos en la gestión empresarial. Mis sueños y visiones son cada vez más grandes. El propósito es principalmente servir a las personas y crear un movimiento acelerado hacia una mayor evolución.

Aprender sobre diferentes creencias, culturas, filosofías y religiones me ha abierto la mente a una comprensión más amplia. No solo creó un nivel más alto de conciencia, sino que también me ayudó a sanar de todos los traumas. Practicar una vida espiritual me ha llenado de una energía de nivel de frecuencia mucho más alto. La gente se ve envuelta por mis proyecciones de paz, perdón, resistencia y esperanza. Independientemente de todo lo que he vivido, todavía estoy comprometida a crear nuevas empresas para mí y para todo lo que me rodea.

Puedo ver cómo esta mentalidad puede ser intimidante para las posibles parejas románticas que he tenido. No he descubierto por qué no he tenido la oportunidad de encontrar a alguien que sea compatible conmigo para quedarse a largo plazo. Mi relación anterior duró 12 años. Esto se debió a mi exceso de sacrificio e ignorancia para servir más allá de mis límites. Pero he aprendido y espero que llegue la nueva oportunidad.

Esta fue una vista rápida de mi historia. Espero que esto genere pensamientos de reflexión para tu vida.

¿Has pensado en lo que quieres aportar? ¿Quién quieres ser? ¿Cómo quieres ver tu situación actual?

Piénsalo.

Conclusión

Como habrás notado, estás historias no son tan diferentes a lo que es tu vida, a lo que es mi vida, en ellas pudiste obtener estrategias que te lleven a entender el valor humano, no estamos aquí queriendo que se lave tu cerebro, nuestra idea con este tomo y el anterior y los que vienen es que las lectoras puedan acceder a historias de vida similares a las experiencias actuales que están viviendo para poder con ellas salir de sus crisis a través de un lente ajeno, no esperes a vivir la experiencia negativa para poder hacer un cambio.

El cambio lo puedes hacer ahora si tú quieres si tú te conectas con el poder superior, todo lo que hay actualmente en tu vida en desastre, Él puede modificarlo en este mismo instante, tan solo si decides voltear a ver con un lente diferente todo lo que está pasando a tu alrededor, la mayoría de las personas no comprenden qué en el momento en el que cambiamos la percepción es el mismo momento en el que le quitamos el poder aquello que nos está haciendo daño.

Existen 5 puntos importantes a entender para vivir una vida plena:

1 CIENCIA: Acceder a conocer (a profundidad) aprender todo lo que desees, cuando te hablo de la ciencia te dejo lo que dice el significado también para que veas cuán importante es CIENCIA: Rama del saber humano constituido por el conjunto de conocimientos objetivos y verificables sobre una materia determinada que son obtenidos mediante la observación y la experimentación, la explicación, de sus principios y causas y la formulación y verificación de hipótesis y se caracteriza, además, por la utilización de una metodología adecuada para el objeto de estudio y la sistematización de los conocimientos... coló tú vez la ciencia es conocernos muy a profundidad, cosa necesaria para entendernos cómo somos y funcionamos la próxima vez que te sientes sola vete a investigar sobre la ciencia de un ser humano y verás cómo tienes tanto por aprender que no volverás a sentir esa soledad.

2. CONCIENCIA: es un estado del ser cuando entramos a este estado todo lo vemos con más lógica para entender que es la conciencia igual nos fuimos al diccionario y dice: conocimiento que el ser humano tiene de su propia existencia, de sus estados y de sus actos... esto está claro si aprendes en ciencia quien tú eres tendrás la conciencia de cómo actuar.

3. PACIENCIA: aquí es donde comienza lo interesante si tienes lo que el médico Niño dice, que es la capacidad de sufrir y tolerar desgracias y adversidades o cosas molestas u ofensivas, con fortaleza, sin quejarse ni rebelarse... en serio esto dice el diccionario que es la paciencia, que por investigar lo encontré ósea le metí ciencia a explicarte esto para poder llegar al punto final que veremos en las siguientes líneas.

4. PERSISTENCIA. Esto es lo que pocos se animar hacer en definición el persistir es continuar firme y obstinadamente en una opinión o un curso de acción a pesar de la dificultad, la oposición o el fracaso… en serio es continuar aún a pesar de que todo se vea drástico y sin razón de ser, aquí es donde ya tienes la capacidad de entender tu proceso y amarlo, aceptando todo inclusive lo malo que te ha pasado.

5. COEXISTIR. Este es el punto que te invitamos a participar en definición es existir al mismo tiempo que otra, sin anularse la una a la otra… wooooow woooww esto es grande aceptarte y fluir al aceptar a los otros, amarnos los unos a los otros, respetar a todos con todo y sus procesos, cohabitar felices y amorosos, el tiempo es ahora mujer valiosa y esforzada hagamos de este mundo un mundo más lleno de bendiciones y amor incondicional con nuestra existencia y coexistencia.

Por finalizar este libro lo único que te puedo decir es que está en tus manos tomar la acción concreta que te lleve a cambiar la dirección a tu vida las estrategias que has podido leer en estas historias de vida son reales son mujeres que están en ese camino hacia su propia transformación no son personas que tienen todo a la perfección cada una estamos viviendo situaciones diarias que nos siguen manteniendo enfocadas en nuestro crecimiento así es que si tú quieres ser parte de nosotras comunícate por correo a: patyhc82mentoria@gmail.com o a nuestro grupo de Facebook privado: Mujeres Emprendedoras y Exitosas Latinas.

Made in the USA
Columbia, SC
29 June 2024

37746538R00122